AF316455

LA SALETTE

FALLAVAUX (fallax-vallis)

OU

LA VALLÉE DU MENSONGE.

Grenoble. — Impr. E. REDON.

LA SALETTE

FALLAVAUX (FALLAX-VALLIS)

OU

LA VALLÉE DU MENSONGE

Par DONNADIEU

Pour juger sainement il faut avoir étudié toutes les pièces de la cause.

D'Aguesseau.

GRENOBLE

TYPOGRAPHIE E. REDON, RUE DERRIÈRE-SAINT-ANDRÉ

—

1852

AVANT-PROPOS.

Le vrai peut quelquefois n'être pas vraisemblable.
Rien n'est beau que le vrai, le vrai seul est aimable.

Deux bergers des Alpes, d'une intelligence très bornée, menteurs ou visionnaires de leur nature, prétendent avoir vu sur leur montagne une clarté plus brillante que le soleil, quoique d'une couleur différente, et dans cette clarté une dame assise, la tête dans ses mains, les appelant l'un et l'autre pour leur confier une grande nouvelle, s'avançant vers eux, pleurant à chaudes larmes, leur parlant moitié français, moitié patois, les chargeant de faire passer ce langage à son peuple, puis disparaissant à leurs yeux. Tout cela est-il vraisemblable? Assurément non.

Plus tard, les mêmes bergers affirment avoir été privilégiés d'une deuxième apparition. Il n'est plus question d'une dame blanche, la couleur a changé, il s'agit d'une dame noire. Cette deuxième apparition est-elle plus vraisemblable que la première ? Assurément non.

Les deux petits bergers ont-ils pu être sincères la première fois, être trompeurs la deuxième ? La clarté lumineuse qui enveloppait la dame blanche a-t-elle pu les éblouir, les fasciner au point de leur présenter, à quelques jours de distance, comme un reflet noir de leur première vision, et leur laisser croire à une deuxième qui aurait été simplement imaginaire, tandis que son aînée seule aurait été réelle ? Cela est-il vraisemblable ? Assurément non.

La dame blanche a-t-elle pu, simple mortelle d'après le récit des deux bergers, délaissée dans le principe par deux commissions composées d'hommes graves, embellir plus tard sous leur plume, puis devenir la sainte Vierge en personne, à ce point que l'on taxe d'impiété quiconque refuse de reconnaître dans ses paroles une prophétie, dans les deux bergers des hérauts célestes, dans elle une messagère de son divin fils, élevant enfin le diocèse de Grenoble, si longtemps déshérité d'une apparition miraculeuse, au niveau de ses voisins ? Cela est-il vraisemblable ? Très assurément non.

Rien de tout cela n'est vraisemblable et une décision doctrinale décrète que rien au fond n'est plus vrai. Vrai jusqu'à cet excès, qu'on dénie même à qui que ce soit le droit de dire le contraire. Comment la chose a-t-elle pu en venir là ?

Les deux bergers ont eu le bonheur de rencontrer dans M. le vicaire général Rousselot un apologiste intrépide. Auteur d'un premier ouvrage : *La vérité sur l'événement de la Salette,* bientôt il en a écrit un deuxième : *Nouveaux documents sur l'événement de la Salette,* et comme la liberté de penser et de croire était laissée à tout le monde, tout le monde aussi respectait la liberté d'écrire, dont usait et abusait le célèbre polémiste.

Mais l'un des bergers fait un petit voyage, se laisse aller à une indiscrétion bien naturelle à son âge, cette indiscrétion est relevée par un journal de Lyon. (Quelle indiscrétion peut échapper à ces feuilles incommodes ?) M. Rousselot prend une troisième fois la plume, il ne discute plus, il se fâche ; il ne raisonne plus, il tance, il gourmande avec colère quiconque ne pense pas comme lui ; il outrage froidement la vérité ; il comprend très bien que si une nouvelle indiscrétion tombe dans le domaine public, c'en est fait de son mythe favori. Il tient à prévenir cette catastrophe, il stigmatise, en dénaturant les faits, l'opposition qui vient de se révéler, et dans un nouvel ouvrage , *Défense de l'événement de la Salette,* son mythe a pris un corps. Malheur à qui l'attaquera?

Depuis ce moment, février 1851, les fautes se multiplient, les mensonges s'accumulent, les persécutions sourdes commencent et menacent de grandir. Une conscience honnête commet la deuxième indiscrétion que M. Rousselot redoutait tant. Sur-le-champ un jugement doctrinal survient, il prohibe l'examen, il interdit la discussion, il enchaîne les consciences, il couvre en les protégeant toutes les erreurs commises ; les invraisemblances les plus criantes, les plus puériles, les plus niaises sont élevées à la hauteur d'une vérité, d'un dogme. Màlheur à qui désormais y touchera !

Mais M. Rousselot, en 1848, page 203 de son premier ouvrage, provoquant les opposants, leur disait : « *Allez aussi à la Salette, interrogez les lieux et* « *les personnes... Il est de l'intérêt de la vérité,* « *il est de l'honneur de la religion, qui n'a nul be-* « *soin de l'appui du mensonge, que vous démas-* « *quiez une imposture sacrilége qui commence mal-* « *heureusement à prévaloir de toutes parts.* »

En 1851, dans son troisième opuscule, il rappelle cet oracle de saint Jean-Chrysostôme : « *La vérité a* « *besoin de contradiction ; la contradiction est un* « *creuset d'où la vérité sort plus pure et plus* « *radieuse.* »

Comment s'y prendrait M. Rousselot pour concilier cette doctrine de liberté, de dignité humaine avec l'arrêt du 19 septembre qui les proscrit l'une et l'autre ?

Ces deux contradictions proviennent de la même source ; dès lors, l'une d'elles est nécessairement une erreur.

Saint Chrysostôme est dans le vrai. Avec lui, il est difficile de se tromper.

M. Rousselot était dans le vrai en 1848, la religion n'a rien à redouter de la discussion.

Voilà pour moi la doctrine vraie, c'est celle devant laquelle je m'incline, c'est celle qui seule pouvait élever tant d'invraisemblances à la hauteur de la vérité; celle qu'ont respectée tous les amis de la droiture, tous les esprits intelligents, tous les partisans de la vérité; celle que Jésus-Christ lui-même a invoquée. Peut-on se tromper en marchant sur ses traces?

J'ai vu la Salette et ses bergers; j'ai lu M. Rousselot et ses adhérents, et ses contradicteurs; j'ai parcouru une partie des lieux qu'il a visités; j'ai interrogé amis et adversaires, je parle donc en connaissance de cause; et dans ma conviction, que je ferai partager aisément, rien n'est moins vraisemblable que l'événement de la Salette;—rien n'est et ne peut être moins vrai que l'événement de la Salette;—rien n'est et ne peut être plus déplorable que les moyens employés pour faire triompher, envers et contre tous, la Salette.

CONSIDÉRATIONS GÉNÉRALES

La religion n'a pas seulement à se défendre des coups que lui portent ses adversaires, elle a encore à se tenir en garde contre les imprudences de ses propres enfants, de ses guides eux-mêmes, lorsque ceux-ci, emportés par un zèle trop peu réfléchi, s'écartent, dans leurs novations, des règles sages et tutélaires consacrées par une pratique de dix-huit siècles.

C'est une imprudence de ce genre que ma conscience éprouve le besoin de signaler aujourd'hui.

Un fait accidentel, isolé, renfermé dans l'étroite limite d'un département ou d'un diocèse, a tout à coup franchi cette limite. Il a été préconisé, annoncé à son de trompe, décrété par mandement, avec défense de l'étudier, de le suivre dans sa naissance et ses développements, d'examiner si son acceptation rentrait dans la règle si conforme à la dignité humaine que traçait le grand apôtre, en réclamant une soumission raisonnable, *rationabile obsequium;* et aujourd'hui il est presque élevé à la hauteur d'un dogme. Malheur, dans le clergé de ce diocèse, au membre qui ne courbe pas la tête sous ce joug de fraîche date! il est exposé à se voir conspué, vilipendé, proscrit; heureux si un diocèse ami s'ouvre encore pour le recevoir et pour protester contre l'immolation de cette maxime du plus grand évêque, du plus grand philosophe dont s'honore l'Eglise : *In necessariis unitas, in dubiis libertas, in omnibus caritas ,* — unité dans la foi, liberté dans le doute, charité en tout et toujours.

Si, du moins, avant d'en venir à cet excès de sévérité, à cet excès de puissance, on avait suivi une à une les règles traditionnelles de l'Eglise, sans comprendre, je m'inclinerais le premier et je dirais : « Dieu, sans « doute, a ses vues particulières, laissons à sa provi- « dence le soin de mener à bonne fin une œuvre qui « depasse les bornes de ma faible intelligence. » Mais s'il n'en est pas ainsi; si toutes ces règles ont été oubliées; si tous ces principes de sagesse ont été méconnus; si le monde catholique gémit, demande le rappel, la réparation de ces erreurs; s'il ne comprend pas une altération toujours dangereuse; si aux garanties du droit il ne veut pas substituer les exigences d'une opinion individuelle; si d'un côté il reconnaît la vérité, l'accueille et la chérit, et de l'autre, s'il redoute l'erreur, se défie et la repousse, — catholique, je suis soldat de la grande milice et en cette qualité j'ai reçu de Dieu lui-même la mission de rechercher dans les traditions du passé à quels caractères je dois, tout le monde doit reconnaître l'acte qui vient de Dieu, impose la croyance et le respect, et l'acte humain, qui ne constitue pas la vérité et dès lors reste livré à la libre appréciation de la conscience et de la raison individuelle. Cette mission, je viens la remplir avec la convenance que comporte mon sujet, avec la gravité qu'il réclame. Je discute pour la religion : aucune parole même légère ne se glissera sous ma plume.

Règles invariables de l'Eglise pour l'adoption de Miracles *nouveaux*. — (Circulaire de S. E. le Cardinal-Archevêque de Lyon. — 6 août 1852.

Le premier devoir d'un polémiste religieux est l'exactitude. Cette exactitude, qui est dans mon cœur, se retrouve sous ma plume, car je ne dirai rien qui ne soit parfaitement conforme aux sentiments et aux doctrines émis par S. E. Mgr. de Bonald, archevêque de Lyon, métropolitain du diocèse de Grenoble, cardinal, délégué spécial du Souverain-Pontife pour l'examen du nouveau miracle de la Salette, dans sa lettre-circulaire du 6 août 1852, de laquelle j'extrais textuellement les paragraphes suivants :

« Dans les temps de perturbations sociales, des esprits re-
« ligieux, du reste, mais impatients, voudraient, en quelque
« sorte, forcer Dieu à intervenir d'une manière visible. La
« Providence est trop lente à leur gré à se manifester ; ils
« veulent la devancer. Ils entendent des voix de l'Orient, des

« voix de l'Occident. L'effet produit par une cause naturelle
« qu'ils ne comprennent pas, ils le transforment en prodige;
« et sans plus d'examen, sans avoir recours à la sagesse des
« sages, pour ne pas se laisser surprendre par de fausses ap-
« parences, *ils proclament et veulent qu'on proclame avec eux la*
« *vérité d'un miracle fort contesté.* Bientôt la SPÉCULATION, *qui*
« *se mêle de tout aujourd'hui,* s'empare de ce fait imaginaire;
« elle l'exploite, *dans un intérêt mercantile, aux dépens de la*
« *crédulité simple et naïve. Elle le reproduit de mille manières,*
« *et par la gravure et par la peinture, et colporte ensuite dans les*
« *campagnes les médailles, les images qui en représentent la pré-*
« *tendue réalité.* A ces objets, des marchands avides joignent
« les récits de ces miracles fabuleux; ils les accompagnent
« d'indulgences apocryphes, et offrent à la piété des prières
« pleines d'erreurs; et pour la séduire plus facilement, ces
« prières sont tantôt trouvées au tombeau même de Notre-
« Seigneur, tantôt apportées par des anges ou révélées à de
« saintes âmes dans l'extase de l'oraison. Ces *trafiquants de*
« *pieuses pratiques* se sont bien gardés de consulter les supé-
« rieurs, qui auraient démasqué leurs fraudes et et arrêté
« cet indigne commerce; ils se passent de leur autorisation.
« Ce qu'il faut avant tout, c'est de se procurer un gain quel-
« conque par ce trafic coupable d'objets superstitieux.

« Instruisez avec soin vos paroissiens, nos chers coopéra-
« teurs, sur la vertu de religion, et dites-leur que la supersti-
« tion est un des vices les plus grossiers opposés à cette vertu.
« Apprenez-leur *avec quelle sage maturité l'Eglise procède quand*
« *il s'agit d'un* NOUVEAU *fait miraculeux.* Le concile de Trente a
« tracé, sur cette matière, des règles inspirées à cette sainte
« assemblée par l'esprit qui lui a dicté ses irréformables dé-
« crets. Or, les Pères de ce synode œcuménique veulent que
« l'on évite toute superstition dans l'invocation des saints,
« dans la vénération des reliques, dans le culte des images.
« Ils ne permettent pas qu'une image nouvelle et extraordi-
« naire soit exposée sans l'approbation de l'*Ordinaire.*

« Quant aux NOUVEAUX MIRACLES, on doit, suivant les pres-
« criptions du concile, avant de les admettre et de les publier,
« les déférer au jugement de l'Evêque, qui, pour en examiner
« toutes les circonstances, s'entourera des conseils d'hommes
« versés dans la science sacrée. *S'il reste quelques doutes sur*

« *l'authenticité de ces faits miraculeux, le* CONCILE PROVINCIAL
« DOIT ÊTRE SAISI *de l'examen de ces causes. Mais,* DANS TOUS
« LES CAS. RIEN NE DOIT ÊTRE RÉSOLU *sans avoir demandé la*
« *décision suprême de la chaire apostolique* (1). IL N'EST PAS
« PERMIS *de prendre un parti à cet égard sur la présomption du*
« *consentement du Souverain-Pontife.* IL FAUT *que ce consente-*
« *ment soit clairement manifesté, et que la sentence de Pierre*
« *soit exprimée d'une manière qui ne donne lieu à aucun doute.*
« *Le cinquième concile de Latran croit aussi devoir défendre de*
« *publier et de faire circuler parmi les fidèles de nouvelles prophé-*
« *ties, de nouvelles révélations, avant de les avoir soumises au*
« *Saint-Siége,* parce que *dans une affaire aussi grave,* disent les
« Pères, d'après saint Paul, *il ne faut pas croire facilement à*
« *tout esprit, mais éprouver les inspirations pour s'assurer si elles*
« *viennent de Dieu* (2). On sent dans ces paroles l'assistance de
« celui qui a dit qu'il *serait avec son Eglise jusqu'à la consom-*
« *mation des siècles* (3.)

« Mais aujourd'hui, *on trouve ces règles, tracées par les con-*
« *ciles, trop gênantes.* On ne peut renfermer si longtemps dans
« son cœur ces inspirations que l'on croit avoir reçues d'en-
« haut; on est pressé de les manifester, pour remplir *ce que*
« *l'on croit être une mission.*

« NOUS DÉFENDONS *de publier en chaire, sans notre permission.*
« *le récit d'un fait miraculeux. quand bien même l'authenticité*
« *en serait attestée par un évêque étranger.* Cette autorisation.
« nous ne la donnerions qu'après avoir consulté *le Souverain-*
« *Pontife et avoir reçu de lui un rescrit qui serait pour nous une*
« *garantie de la vérité du miracle.* Dans deux ou trois de nos
« paroisses, MM. les curés ONT CRU *pouvoir lire en chaire le*
« *mandement d'un évêque d'un autre diocèse, au sujet d'un mira-*
« *cle, sans nous avoir consulté :* c'était là un acte irrégulier.

« Vous aurez soin, nos chers coopérateurs, de vous confor-
« mer aux règles de l'Eglise sur la question que nous traitons
« dans cet article et de mettre les fidèles *en garde contre ces*
« *publications journalières de miracles, de prophéties, d'images,*
« *de prières qui peuvent être pour des marchands cupides une*

---

(1) Conc. Trid., sess. XXV.
(2) Conc Later. V, sess. XI.
(3) Matth. XXVII, 20.

XII

« *source assurée de bénéfices illicites*, mais qui sont pour la
« religion *un sujet de douleur et de crainte*. Rappelez souvent à
« vos paroissiens que, *quand il s'agit d'une doctrine nouvelle*, ON
« NE DOIT *embrasser que les pratiques*, ON NE DOIT *admettre que*
« *les symboles qui ont l'assentiment des évêques diocésains*, ET
« SURTOUT PORTENT LE SCEAU DE L'AUTORITÉ SOUVERAINE DU
« VICAIRE DE JÉSUS-CHRIST.

    « 6 août 1852.

« † Cardinal DE BONALD. »

LA SALETTE

FALLAVAUX (fallax-vallis)

ou

LA VALLÉE DU MENSONGE.

CHAPITRE 1er.

Principes par rapport à la foi.

Tout ce qui est de foi est écrit dans l'Evangile, et la mission des évêques se borne alors à interpréter le sens exact des Ecritures saintes, — ou transmis par une tradition qui remonte aux apôtres, et, dans ce cas, la règle universellement admise pour la reconnaître est celle-ci, qui ne permet aucun équivoque : *Quod semper, quod ubique, quod ab omnibus ;* — ce qui a été cru toujours, en tout lieu, par tous les fidèles.

Sur ces deux points il ne saurait y avoir d'hésitation ; quand les évêques ont parlé, la foi, une foi humble et soumise est d'obligation rigoureuse, ou bien l'on n'est pas catholique.

Hors ces deux points il n'existe plus que des croyances pieuses. Si ces croyances pieuses ont subi toutes les épreuves que la sagesse de l'Eglise a ordonnées et pratiquées depuis les apôtres jusqu'à nous, il y a témérité à les rejeter, mais il n'y a rien de plus. Si au contraire, ces croyances auxquelles on convie, n'ont pas passé par ces épreuves que la sagesse de l'Eglise a prescrites, que la dignité humaine revendique comme un droit, parfois il pourra arriver que non-seulement il n'y aura pas témérité à ne pas les admettre aveuglément, mais encore qu'il y aura manifestation de respect pour l'Eglise, pour ses usages, pour ses lois, à les étudier, à les examiner, à ne les accepter qu'après s'être convaincu, par des recherches sérieuses et approfondies, de leur vérité vraie.

Une croyance pieuse, lorsqu'elle a subi toutes les épreuves voulues par l'Eglise, porte avec elle une prévention favorable et on doit plaindre l'orgueilleux qui vient opposer le vide, le néant de sa raison individuelle à la force de la raison collective de l'Eglise entière.

Mais une croyance qui n'est pas protégée par ces épreuves est l'appel d'une raison individuelle, rien de plus, rien de moins. Une raison individuelle peut être fort respectable : elle n'a jamais le droit de s'imposer, l'Eglise le lui a constamment dénié, et en la discutant avec convenance et respect, on a pour soi l'Eglise de tous les temps et de tous les lieux. Comment pourrait-on être coupable?

CHAPITRE II.

J.-C., après avoir fondé son Eglise, confie à ses apôtres le soin de la diriger; chacun d'eux reçoit individuellement le privilége de l'infaillibilité, et dès lors une décision lui est d'autant plus facile qu'il a la certitude de ne pas errer. Mais chacun d'eux aussi sait que l'Eglise, venant de Dieu, doit, par l'unité de sa foi, par l'uniformité de ses croyances et de sa discipline, participer, en quelque sorte, à la perfection de Dieu lui-même, et pour que, dans la suite des temps, cette perfection ne soit pas altérée, il trace le plan que devront suivre ses successeurs; il leur propose un modèle que, toujours, ils devront imiter; car, à cette condition seule, le gouvernement de l'Eglise présentera au monde entier le spectacle unique d'une institution toujours la même dans tous les temps et dans tous les lieux, et dès lors empreinte d'un caractère particulier que les hommes sont impuissants à donner à leurs œuvres.

Un faux frère d'Antioche veut obliger les Gentils convertis à toutes les observances de la loi mosaïque.

— Un mot, un seul mot prononcé par un apôtre, et la question était décidée, sans qu'un seul Gentil converti nouvellement hésitât à se soumettre. Les apôtres le savent fort bien ; mais ils veulent préluder à cette uniformité de croyance qui ne doit, dans la suite des temps, connaître aucune variation ; ils se réunissent à Jérusalem, ils y convoquent de nombreux disciples, ils examinent la question, la discutent, et prononcent en commun. — Le jugement de tous, voilà la règle et le droit.

L'exemple est donné ; il est donné en l'an 51 de l'ère chrétienne. — Les apôtres se partagent l'Univers, et ils ne sont que douze pour suffire à cette tâche. Leurs progrès sont rapides ; mais ils embrassent le monde entier. Par la force des choses, les évêques sont disséminés à de grandes distances ; se réunir, est pour eux chose impossible. Ils n'observent, ils ne proposent qu'une seule règle, celle même que les apôtres leur ont léguée. — Les constitutions apostoliques, voilà leur loi.

Bientôt l'Eglise s'étend, les distances se rapprochent ; la persécution s'acharne, il est vrai, contre les chrétiens, mais le moment de la lutte est celui où les âmes ont besoin d'être retrempées. Les évêques le savent, et, bravant tous les dangers, ils se réunissent en conciles, ils délibèrent en commun. Voilà la règle pour eux, voilà la règle pour tous.

Dès le deuxième siècle, huit conciles se rassemblent ; au troisième, ce nombre est quatre fois plus fort ; au quatrième, les empereurs Constantin et Théodose ont rendu la paix à l'Eglise. Plus de cent conciles sont convoqués, et, entre autres, les conciles généraux de Nicée et de Constantinople. Là, sont agitées non-seulement les questions de foi, mais encore celles qui se rattachent à la discipline; et, pour prévenir tout relâchement, pour assurer en tout l'unité, qui, seule, peut faire connaître l'œuvre de Dieu, les évêques des trois villes les plus grandes, les plus catholiques du monde, Rome, Antioche, Alexandrie, sont déclarés les supérieurs hiérarchiques de leur collègues ; leur juridiction s'étend à toute la province.

Les siècles marchent et voient se développer, sans aucune interruption, ces règles tutélaires de la foi, des mœurs, de la discipline ; mais le nombre prodigieux des évêques, qui remplissent, en quelque sorte, le monde entier, ne leur permet presque plus de se réunir en une seule et même assemblée, la sagesse de l'Eglise pourvoit à cette difficulté ; et, réservant les assemblées générales, les conciles œcuméniques pour les occasions solennelles,—contre les hérésies qui peuvent ébranler la foi, contre les relâchements qui peuvent pervertir les mœurs et compromettre l'œuvre de J.-C., — elle institue les conciles provinciaux ou réunions des évêques d'une province avec leur métropolitain, les conciles nationaux ou assemblées des évêques de toute une nation, et, comme ces deux espèces de conciles peuvent facilement se réunir, comme leur mission est de maintenir l'intégrité de la foi, l'intégrité de la discipline établie, la présence des évêques est déclarée obligatoire, et cette présence doit se renouveler deux fois par an.

Les conciles œcuméniques, les papes, les conciles provinciaux eux-mêmes sont unanimes sur ce point ; plusieurs en donnent les raisons. C'est de la discussion que jaillit la lumière ; un évêque isolé peut se tromper, et il n'est pas jusqu'à la justice d'une sentence épiscopale, jusqu'à sa validité, qui ne soient soumises à la juridiction du concile provincial (5e canon de Nicée, renouvelant le 3e canon apostolique).

Les pères du concile d'Antioche, en 341, ordonnent que les prêtres et les diacres assistent aux conciles provinciaux, et ils permettent à tous ceux qui auraient des plaintes à formuler contre les évêques de venir en personne pour les diriger eux-mêmes.

Ces règles deviennent générales ; aussi Fleury, dans ses *Mœurs des Chrétiens*, consigne-t-il la pratique de ce droit accordé à tous, et souvent exercé par les conciles provinciaux.

Les papes donnent l'exemple de leur respectueuse subordination aux canons qui prescrivent la tenue des conciles , et, une chose digne de remarque, c'est que les papes les plus jaloux de leur autorité , entre autres le célèbre Grégoire VII, ne font rien sans l'avis du concile provincial.

Est-il surprenant dès lors que l'Eglise ait pu braver les attaques de ses ennemis, les persécutions des puissances de la terre et triompher des hérésies qui se sont succédé pendant les dix-huit siècles de sa durée?

Elle a traversé ces dix-huit siècles toujours unie dans ses doctrines et dans ses croyances , et, pendant que les sectes diverses brillaient par leurs variations, s'anathématisaient entre elles, l'Eglise seule était toujours telle que les apôtres eux-mêmes l'avaient faite, ses croyances ne se modifiaient pas selon les climats, les temps et les lieux ; la vérité qui brillait à l'Orient jetait le même éclat à l'Occident, au Nord et au Midi, et elle devait ce résultat à ses institutions toujours respectées. Aussi lorsque les jours mauvais se levèrent sur la France, lorsque le clergé de nos pays fut condamné à aller chercher une nouvelle patrie, il trouva partout la même foi, pure comme la sienne ; les mêmes croyances pieuses, acceptées après examen, épreuves, discussion, et il se rejouissait encore en supportant avec résignation les douleurs de l'exil ; il attendait avec calme des jours meilleurs.

CHAPITRE III.

Enseignement de l'église catholique de France au 19ᵉ siècle.

Soixante ans s'étaient écoulés à travers les révolutions religieuses et politiques de la France sans que l'Eglise catholique eût pu , sous aucun des onze gouvernements qui se sont succédé depuis 1789, se réunir en concile et rappeler aux fidèles les règles tutélaires de sa foi, de sa morale et de sa discipline ; mais les fidèles étaient sans inquiétude ; ils savaient que ce dépôt sacré était confié aux gardiens vigilants que l'Esprit-Saint inspire de son souffle. Ils attendaient une époque où la liberté reprît ses droits , où l'Eglise pût les réclamer elle-même ; ils savaient que cette époque verrait immédiatement la chaîne de la tradition se renouer et les règles invariables de la croyance catholique se reproduire.

Cet espoir n'a pas été déçu, et il ne pouvait pas l'être. Aussi, dès 1849, les divers conciles provinciaux s'assemblent sur tous les points de la France ; les populations avides se pressent; elles ont soif de la vérité ; elles l'attendent de ces réunions vénérables par la présence des pontifes et des docteurs ; et, dès que cette vérité est descendue jusqu'à elles, elles courbent la tête respectueusement, elles se recueillent, elles croient.

CONCILE DE PARIS, 1849.

A la tête de ces assemblées, figure naturellement le concile de Paris. Là, sont réunis non-seulement les pontifes de la métropole et de la province, mais plusieurs de leurs vénérables confrères, le clergé le plus éclairé de la France ; les corps religieux, à la tête desquels on remarque les PP. Ravignan et Lacordaire, nos Bossuet modernes, se joignent à eux. Des discussions sérieuses ont lieu ; et d'un creuset, purifié par l'humilité de la prière, sortent des décrets, modèles de sagesse et de prudence, marqués du sceau de l'esprit de Dieu.

C'est à l'époque des révolutions, lorsque le sol tremble sous nos pas, que nous sommes le plus enclins à nous laisser aller aux croyances mystiques. Les pères du concile de Paris le savent ; et, loin de favoriser cette tendance, qui ne saurait plaire à celui qui est *la vérité*, ils posent les règles en dehors desquelles il ne saurait plus y avoir qu'une crédulité insensée ou une superstition coupable.

L'un de ces décrets régulateurs est ainsi conçu :

« Nous avertissons les fidèles de ne pas se faire té-
« mérairement *propagateurs de visions et de mi-*
« *racles*. Que les curés et les confesseurs engagent
« prudemment les fidèles à *ne pas écouter ces choses*
« *trop facilement ;* qu'ils leur apprennent aussi, dans
« l'occasion, les règles de l'Eglise en cette matière, et

« qu'ils les avertissent que *la conduite des fidèles ne*
« *doit pas être réglée par des révélations particu-*
« *lières*, mais *par les lois générales* de la sagesse
« chrétienne. »

Ces paroles, empreintes du sceau de la prudence et
de la vérité, ont eu un immense retentissement; elles
ont été répétées dans divers conciles provinciaux, parce
qu'elles révélaient la sagesse qui présida de tout temps
aux décisions de l'Eglise.

Elles ont été pour tous, évêques, prêtres et fidèles,
une règle acceptée avec bonheur, suivie sans hésitation; car, seule, elle pouvait continuer le triomphe
de la religion du Christ.

ROSE TAMISIER, 1850.

Aussi, en 1850, il plaît à une jeune fille des environs d'Avignon de jouer aux révélations ; elle le fait
avec une adresse qui surprend sous-préfet, maire,
magistrats, médecins, prêtres même. Mais un évêque
est là ; sa mission est de démasquer l'intrigue et de
vouloir que la vérité dans son diocèse soit sans aucun
alliage. Il n'hésite pas; il fait procéder à une information canonique, il la publie dans tous ses détails. Le
premier, il renie la thaumaturge Rose Tamisier, et
six mois de prison, ordonnés par la Cour d'appel de
Nîmes, font expier à une visionnaire ses prétentions à
la thaumaturgie.

LA SALETTE. — L'ÉVÊQUE DE GAP.

Depuis quelque temps, on parlait aussi dans les montagnes des Alpes de l'apparition de la Salette, diocèse de Grenoble. On avait publié à plusieurs milliers d'exemplaires un ouvrage de M. le vicaire général Rousselot et deux autres conçus dans le même esprit.

Les populations voisines, qui s'étaient ébranlées dans le principe pour satisfaire une curiosité facile à comprendre, avaient été arrêtées par la publication, dans les journaux, d'une circulaire de Mgr Depéry, évêque de Gap, au clergé de son diocèse ; et en lisant dans cette lettre, à la date du 18 octobre 1850, la dénégation de cet évêque pour les miracles qu'on prétendait opérés dans son diocèse, et *dont aucun n'avait pu être constaté ;* en lisant, de plus, que la vente de certaines brochures sur la Salette exposait ses diocésains à *être dupes d'une coupable intrigue et d'une indigne spéculation ;* en lisant, enfin, dans la même lettre la défense formelle de réciter un office de la Salette, qui se colportait dans son diocèse, et que l'évêque déclare être *très opposé aux saines règles liturgiques,* tout le monde comprenait que les décisions des évêques étaient dignes de respect, et que le décret du concile de Paris, cité plus haut, contenait l'enseignement et les principes de l'Eglise catholique, c'est-à-dire universelle.

LA SALETTE. — L'ÉVÊQUE DE GRENOBLE.

Mais, tout à coup, apparaît, sous la date du 19 septembre 1851, un Mandement qui prononce doctrinalement sur la vérité d'un fait que Mgr l'évêque de Gap croit une erreur ; il défend de discuter ce fait, quoique, depuis dix-huit siècles, il soit permis de discuter les paroles, les miracles de l'Evangile, plaçant ainsi la parole d'un homme au-dessus de la parole même de Dieu ; il met en doute tous les faits prodigieux qui nous sont transmis par une tradition de dix-huit siècles ; il nous fait craindre que, pendant les quinze premiers siècles de l'Eglise , alors que les foudres de l'excommunication frappaient quiconque voulait raisonner un fait religieux, maints et maints miracles, acceptés jusqu'à ce jour par les fidèles, ne soient dus qu'à une imagination d'enfants caressés, choyés, séquestrés du monde , pourvus tout à coup des aises et des commodités de la vie , sur la tête desquels un prélat étendant sa main mystique aurait dit :

« Vous êtes mes oints particuliers : allez sous la
« protection de ceux que je commets à votre garde ;
« si quelqu'un s'avise de douter de votre langage et de
« votre valeur, je le frapperai de mon glaive spirituel,
« car j'entends que tout le monde courbe la tête, ac-
« cepte et croie. — Quand le maître a parlé, nul n'a
« le droit de protester, nul n'a le droit d'éclairer sa
« conscience. La résignation est la seule vertu que je
« permette. »

Ce langage est tellement en opposition avec la pratique dix-huit fois séculaire de l'Eglise catholique, avec les principes consignés dans le décret du concile de Paris, et cependant il découle tellement du mandement du 19 septembre, qu'un catholique ami de la vérité, mais de la vérité vraie, a le droit de se dire à lui-même, de dire au public :

Le fait de la Salette et le mandement qui le décrète réunissent-ils toutes les conditions consacrées par la tradition constante de l'Eglise? Dans ce cas, il ne reste qu'à courber la tête, qu'à s'incliner et à croire.

Ces conditions, au contraire, n'ont-elles pas été respectées? Le fait de la Salette s'écroule et le mandement n'est plus qu'une pieuse erreur. — La tradition et l'Eglise l'ont déjà condamné.

Je ne me dissimule ni la délicatesse du travail que j'entreprends ni la réserve et la convenance qu'il impose. Je saurai, sous ce rapport, me mettre à la hauteur de mon sujet, ne rien avancer sans preuves, ne rien dire qui puisse paraître hasardé. Je cherche la vérité, je ne cherche qu'elle, et entrant sur-le-champ en matière, j'établirai facilement que la Salette, qui est tout dans le diocèse de Grenoble, au fond ne doit être rien, absolument rien.

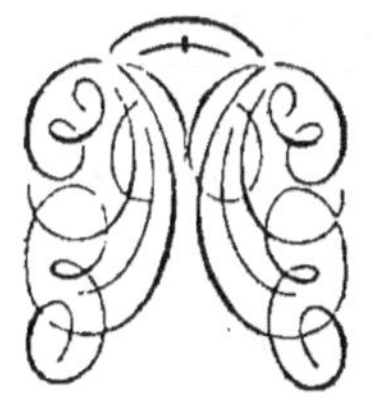

CHAPITRE IV.

Historique de l'apparition.

A 16 kilomètres de Corps, bourg traversé par la route nationale qui conduit en Provence, existe une montagne d'un accès difficile et qui sert de pâturage aux bestiaux des habitants de la commune de la Salette. Cette montagne, qui se termine en trois pointes, présente au milieu de sa hauteur un plateau couvert de verdure et traversé par un petit ravin appelé le *Sezia*. Ce plateau, nommé les Baisses-Fallavaux, *fallax vallis, vallée du mensonge,* est le rendez-vous des petits pâtres ou bergers qui conduisent les troupeaux au pâturage. Le 19 septembre 1846, tous y sont comme d'habitude ; comme d'habitude aussi, ils se livrent à leurs jeux enfantins, et, sur la chute du jour, ils regagnent tous ensemble leur domicile, causant et jouant, conduisant devant eux et en troupe les bestiaux confiés à leur garde.

La journée s'est écoulée, le gîte des petits bergers a été regagné, sans que les uns et les autres aient entendu parler d'une vision, d'une apparition sur la montagne, sans que leurs jeux ou leurs causeries aient été troublés ou interrompus un seul instant.

Le lendemain dimanche 20 septembre, les bergers remontent à la montagne ; ils recommencent leur vie de chaque jour. Deux d'entre eux sont restés chez leurs maîtres ; leur absence ne préoccupe pas un seul instant les autres (c'est le privilége de leur âge et de leur nature inculte), et, sur le soir, ils redescendent comme les jours précédents.

Mais, à peine rentrés au logis, ils sont interrogés par leurs parents, par leurs maîtres : la veille, ils ont dû voir sur la montagne une belle dame blanche qui leur a parlé, leur a annoncé des choses extraordinaires, comme elle l'a fait pour leurs deux camarades qui ne sont pas remontés à la montagne, et chacun d'eux de répondre avec étonnement : « Mais nous n'avons rien vu, Mélanie et Maximin pas plus que nous ; ils ne nous ont parlé de rien. Qu'est-ce donc qu'il y a ? »

Il y avait eu beaucoup, en effet, et ici je suis la version donnée par M. le vicaire général Rousselot, qu'on ne saurait suspecter de prévention défavorable, puisqu'il a publié 20 à 25,000 exemplaires sur l'événement de la Salette.

L'APPARITION RACONTÉE PAR MAXIMIN ET MÉLANIE.

(Extrait de l'ouvrage de M. Rousselot.)

Maximin Giraud, natif de Corps, aussi bien que Mélanie Mathieu, avait été cédé par son père à Pierre Selme, de la commune de la Salette, pour garder, pendant une huitaine de jours, son troupeau de vaches. Il avait commencé sa surveillance le lundi 14 septembre 1846, et avait retrouvé sur la montagne

Mélanie Mathieu, déjà âgée de quinze ans, native de Corps, comme lui. Le 18 septembre, ils étaient descendus ensemble, et, avant de se quitter, Mélanie avait dit à Maximin (page 51, *De la Vérité sur l'événement de la Salette*, par M. Rousselot) : *A demain, à qui sera le premier rendu sur la montagne ?* et le lendemain 19, *ils y montaient ensemble.*

Maximin, qui, les 14, 15, 16 et 18 septembre, après avoir fait boire ses vaches, à l'heure de midi, à une petite source que lui avait indiquée son maître, revenait immédiatement se replacer sous sa surveillance, en le rejoignant dans un champ voisin, commença, le 19, par réclamer la présence de Mélanie Mathieu, avec qui il avait joué la veille, pour aller avec elle à la fontaine, puis il ne revint pas auprès de Pierre Selme, et, sur les reproches que celui-ci lui adressa le soir, à la maison, Maximin répondit : « Oh ! vous ne savez pas ce qui est arrivé. Nous avons trouvé près du ruisseau une belle dame *qui nous a amusés* longtemps et qui nous a fait *deviser* avec Mélanie. J'ai eu peur d'abord ; je n'osais pas aller chercher mon pain qui était près d'elle ; mais elle nous a dit : « N'ayez « pas peur, mes enfants ; approchez. Je suis ici pour « vous annoncer une grande nouvelle. » Puis il raconte le langage moitié français, moitié patois qui leur a été tenu par la belle dame, les prédictions qu'elle a faites, les menaces qui les ont accompagnées. — Cela fait, il va rejoindre Mélanie, et tous deux ensemble racontent leur apparition à Baptiste Pra, au service duquel cette jeune fille était depuis le mois de mars. — Pra n'ajoute aucune foi au récit des enfants, et Selme, qui a expédié les deux bergers à M. le curé, le dimanche 20 septembre, de bon matin, traite tout cela assez légèrement pour ne pas même aller à la messe de la Salette et pour ramener à Corps Maximin, qui ne revint plus dans la commune (pages 46, 47 et 48 de l'ouvrage de M. Rousselot).

L'APPARITION PRÊCHÉE A LA SALETTE. — DÉPART DU CURÉ.

M. le curé Perrin accueille le langage des enfants et en fait l'objet de son prône. De là l'émotion produite dans le village, puisque M. le curé avait prêché là-dessus ; de là les questions adressées, de toutes parts, aux petits bergers qui venaient de la montagne. Ils ne savaient rien avant leur arrivée, ils restèrent ébahis quand on leur eût tout raconté.

Dix jours s'étaient à peine écoulés, et M. le curé Perrin, *homme pieux, mais simple de mœurs et de langage*, qui *depuis nombre d'années* était curé de la Salette, *reçoit son changement et est remplacé par un jeune prêtre du même nom* (page 83 du même ouvrage).

Il semble de prime-abord que, puisque M. Perrin était appelé à desservir une autre cure, l'apparition qu'il avait publiée le premier lui donnait un droit presque rigoureux à mourir dans une paroisse qui venait d'être privilégiée d'une visite céleste et qu'il desservait depuis longues années. Il n'en est rien pourtant, on ne blâme pas sa prédication, mais on lui intime l'ordre du départ.

LA SALETTE ANNONCÉE PAR MGR L'ÉVÊQUE DE GRENOBLE.

Quelques jours après, une retraite annuelle réunit à Corenc, près Grenoble, dans la maison conventuelle de la Providence, près de 400 religieuses préposées dans toute l'étendue du département de l'Isère à la direction des écoles de filles. Mgr l'évêque se rend au milieu d'elles, les entretient, avec l'autorité de son âge et de sa dignité, de l'évènement miraculeux de la Salette. Ces bonnes filles, transportées d'aise et de bonheur, rentrent dans leurs communes respectives, et, dès l'ouverture de leurs écoles, font part à toutes leurs enfants de la grande nouvelle qu'elles tiennent de la bouche de leur évêque.

Ces enfants, au nombre de plus de 15,000, dans toutes les écoles du département, sont autant de porte-voix auprès de leurs parents, et avec la tendance des gens de la campagne à croire aux farfadets et aux revenants, aux visions et aux sorciers, l'apparition de la *Belle-Dame* sur la montagne de la Salette a fait, en 15 jours, le tour du diocèse de Grenoble qui renferme plus de 600,000 âmes.

Bientôt les départements voisins en ont connaissance par le seul fait des communications qui existent de commune à commune, car aucun cordon sanitaire n'a été établi sur les frontières du département, et cette propagation, si naturelle, si facile, devient sous la plume de M. Rousselot, un argument décisif en faveur du fait miraculeux de la Salette ! Il est vrai que le célèbre argumentateur a soin de ne nous initier à aucun des détails qui expliquent cette propagation.

MÉLANIE ET MAXIMIN SÉQUESTRÉS.

Immédiatement, Mélanie et Maximin sont placés à Corps, chez les sœurs de la Providence ; leurs parents sont de ce bourg, ils l'habitent, Mélanie et Maximin sont retirés du domicile paternel, ils vivent, ils couchent dans la maison des sœurs et cela du consentement de Monseigneur (page 42 de l'ouvrage de M. Rousselot), quoique Maximin ait onze ans et que la loi ne le permette pas. Dans cette maison, les enfants ne voient les étrangers qu'en présence de l'une des religieuses; Maximin ne monte à la Salette que sous la conduite d'une personne sûre à laquelle on veut bien le confier. Cet état de choses dure jusqu'en 1850, et si les enfants sont sortis quelquefois de leur retraite *sainte*, ç'a été pour aller, sous la surveillance de M. le curé de Corps, dans les communautés religieuses du diocèse, dans les maisons les plus distinguées par leur piété. Un commerce d'eau de la Salette était organisé à la cure même de Corps, un menuisier y travaillait à journées pour fabriquer des boîtes ou caisses destinées à recevoir les bouteilles expédiées au loin ; un homme de peine allait chercher l'eau avec un âne, et la transvasait à son retour ; M. le curé goudronnait, scellait d'un sceau particulier, vendait et expédiait. Les visites et les promenades des enfants recommandaient naturellement un commerce assez lucratif pour que M. le curé de Corps ait pu avouer, en juin 1851, à Mgr l'évêque de Gap (sans doute pour le convertir à la Salette) qu'il avait expédié, à cette époque, pour plus de 40,000 fr. d'eau, et qu'il avait tenu des notes très exactes pour se rendre compte, jour par jour, de ce succès de l'apparition.

COMMISSIONS DE CHANOINES ET DE PROFESSEURS.

Pendant que les choses se passaient ainsi à Corps, que les enfants étaient tenus en charte privée, que

Maximin trompait de temps à autre la surveillance de ses maîtresses pour aller dans le bourg de Corps scandaliser tout le pays par sa passion du jeu, du vin, des liqueurs fortes, que déjà il préludait aux réponses *terribles* qu'il devait faire plus tard en laissant échapper quelque chose du secret de l'apparition, à Grenoble, l'évêché requérait l'avis des chanoines et des professeurs du grand séminaire ; ces deux corps se constituaient en deux commissions distinctes et transmettaient des rapports modèles de sagesse et qu'on a eu le tort de ne pas suivre de point en point.

Les chanoines sont d'avis « qu'il faut s'abstenir « de toute décision, car d'un côté on n'a que le témoignage de deux enfants, et qu'arriverait-il si, après « une décision affirmative de l'autorité, ces enfants « déclaraient qu'il n'y a rien de vrai dans leur récit? « de l'autre côté le personnage de l'apparition n'ayant « pas chargé les enfants de faire part de son récit à « l'autorité, celle-ci n'a pas à intervenir et elle doit « laisser libres d'y croire ceux qui y découvrent des « preuves suffisantes *et ne pas blâmer ceux qui s'y* « *refusent par les motifs contraires.* »

Les professeurs du grand séminaire, sans être aussi explicites, tirent une conclusion semblable et professent « qu'il y a dans le récit des enfants certains articles qui inspirent « quelque défiance sur la vérité des « paroles de *la dame* » (pages 14, 15 et 16 du 2° ouvrage de M. Rousselot.)

Depuis le 15 décembre, date de ces rapports, jusque au mois de juillet aucun fait nouveau ne se produit et cependant, le 19 juillet, paraît une ordonnance épiscopale nommant M. Rousselot et M. Orcel, supérieur du grand séminaire, commissaires pour dresser une enquête partout où on aurait entendu parler de la Salette.

ENQUÊTE DES COMMISSAIRES DE LA SALETTE.

L'enquête a lieu dans neuf diocèses différents, mais elle n'est ni juridique, ni contradictoire; les commissaires ne recherchent qu'une chose, le succès de la Salette. Munis de leurs renseignements, tous favorables, ils comparaissent devant une commission plus nombreuse que les deux premières, composée des chanoines et des curés de la ville, et dont ils font doublement partie comme commissaires instructeurs et comme juges; huit conférences ont lieu, toute discussion sérieuse en est bannie; les enfants comparaissent, ils disent plus que ne le veulent les partisans de l'apparition, à la majorité des voix on élève la très-grande probabilité à la hauteur et au niveau de la certitude morale, et Mgr l'évêque, se réservant de porter un jugement doctrinal en temps convenable *(M. Rousselot, page 28)*, commet les deux commissaires-juges pour faire imprimer et répandre leur rapport, qu'il revêt de sa haute approbation.

RAPPORT DES COMMISSAIRES. — SON ESPRIT.

Le rapport paraît en 1848. Il se distingue par une partialité que le respect pour la vérité condamne, surtout dans une matière aussi grave; par des réticences coupables sur les aveux des deux enfants; par des maximes destructives de la saine morale; par l'énumération de miracles qui n'ont jamais existé, ce que les rapporteurs savaient fort bien.

Ce rapport est expédié, sous le couvert de l'évêché, dans le diocèse de Grenoble, à tous les évêques de France, aux journaux religieux, desquels on sollicite des réclames, et le fait de la Salette obtient un certain retentissement.

Un journal de la capitale discute ce fait à sa manière ; une opposition se manifeste dans le clergé du diocèse ; M. Rousselot rentre en lice, et en 1850, il publie un deuxième ouvrage sous le titre : *Nouveaux documents sur l'événement de la Salette*. Ce deuxième ouvrage est orné d'une approbation épiscopale qui ne permet pas de douter de l'opinion personnelle de Mgr l'évêque, il est rédigé dans le même esprit que le premier et présente les mêmes défauts.

CONCILE PROVINCIAL DE LYON.

Le concile provincial se réunit à Lyon : M. Rousselot est l'un de ses membres, il se garde bien d'appeler l'attention du concile sur la question de la Salette ; la même réserve est observée par Mgr l'évêque, et, pour la première fois depuis mille huit cent cinquante-deux ans, les traditions constantes de l'Eglise sont négligées.

MAXIMIN, PARTISAN DE LOUIS XVII, SE RÉTRACTE A ARS.

Le concile était à peine terminé, que Maximin, cédant à la suggestion de quelques partisans de Louis XVII, se laisse conduire à Lyon. Pendant quatre ans, il a été soumis à une surveillance de chaque instant. Il échappe à ses gardiens, il conquiert la liberté, il se trouve en présence d'un saint prêtre, le curé d'Ars ; il voit de ses yeux un pèlerinage qui a pour fondement la vertu et la vérité ; il n'hésite pas , et à trois reprises différentes, non pas en courant, pour parler un langage vulgaire, mais dans des entretiens prolongés, il avoue à M. le curé d'Ars que la Salette est UNE INVENTION ; qu'il n'a vu sur la montagne NI HOMME NI FEMME, NI BLANC NI NOIR, ABSOLUMENT RIEN ; que pendant quatre ans IL A MENTI ; qu'il ne veut plus rentrer à Grenoble ou dans le diocèse, se retrouver en présence de ceux devant lesquels il a menti si souvent ; il prie le saint prêtre de lui indiquer, de lui choisir une communauté religieuse où on veuille le recevoir et où il puisse faire pénitence de sa faute.

Le curé d'Ars est un serviteur dévoué de Marie ; il a cru à la Salette, il l'a prêchée cent et cent fois, mais il ne sait pas s'obstiner devant la manifestation évidente de la vérité ; il révèle la triste confidence de Maximin à M. Gerin, curé de la cathédrale de Grenoble, et le charge de la communiquer à son évêque.

M. Gerin s'acquitte de sa mission ; sur-le-champ M. Rousselot et M. le curé de Corps partent pour Ars, par ordre de leur évêque ; ils entendent de la bouche même de M. Vianay, curé du lieu, les détails de la rétractation de Maximin et rentrent chez eux.

Ils sont convaincus, mais ils ne se rendent pas ; la rétractation de Maximin avait fait du bruit, M. Rousselot n'ose pas la nier ou la combattre, il appelle à son aide un ecclésiastique de Lyon, M. Bez, et dans une brochure, dont le titre seul est une insulte au sacerdoce et à la vertu *(M. Vianay, curé d'Ars, et Maximin Giraud, berger de la Salette, ou la vérité récupérant ses droits.)*, M. Bez cherche à élever un nuage et, par une maladresse incroyable, il vient, avec approbation de

Mgr de Grenoble, révéler au public qu'il a recueilli Maximin Giraud à son retour d'Ars, qu'il l'a gardé chez lui pendant un mois, qu'il l'a mis à une école de Lyon, mais qu'il a eu soin de le présenter sous un nom supposé, dans la crainte qu'il ne fût reconnu comme l'enfant de la Salette (Opuscule de M. Bez, pages 14 et 15). Tout devait donc être mystérieux dans Maximin Giraud !

RÉTRACTATION JUGÉE PAR 3 ÉVÊQUES, COMBATTUE PUBLIQUEMENT PAR 2 CHANOINES.

M. Bez avait parlé de l'incident d'Ars, cet incident avait été jugé à Belley par trois évêques, ils avaient procédé à une enquête sérieuse, ils avaient entendu sous la foi du serment le vicaire d'Ars, ils avaient lu un volumineux dossier, une déclaration détaillée de M. le curé d'Ars, les explications de M. Rousselot, qui n'expliquaient rien, ils avaient statué et reconnu que la rétractation était formelle : tout cela avait été dissimulé par M. Bez. M. Rousselot, dans un troisième opuscule ou pamphlet, a le talent de le dissimuler encore davantage : altération de la vérité, injures jetées à la face de ses contradicteurs, forfanterie, c'est là tout ce qui brille dans cette malheureuse production ; et, comme si cela ne suffisait pas, le chapitre de la cathédrale, si sage dans son rapport du 15 décembre 1846, oublie la réserve qu'il avait recommandée et presse l'un de ses membres d'ouvrir une lutte avec un journal de Grenoble sur l'incident d'Ars, et il ménage à M. le chanoine Chambon une défaite de laquelle il ne se relèvera jamais.

MAXIMIN AU PETIT-SÉMINAIRE DE GRENOBLE ET AILLEURS, MÉLANIE AU COUVENT.

Pendant que MM. Bez, Rousselot et Chambon se débattaient contre la vérité, on avait eu soin de s'assurer de Maximin Giraud, en le mettant au Petit-Séminaire de Grenoble, où il est resté une année seulement, et où il a laissé la réputation d'un effronté menteur ; de là on l'a envoyé en Grande-Chartreuse, où le R. P. général a refusé de le garder après un essai de deux mois ; puis, chez les frères directeurs de la maison de Saint-Joseph, à Grenoble, qui ont été réduits à le placer chez un serrurier de la ville, où il était le scandale des ouvriers par ses jurements, et la terreur des croyants à la Salette par la confirmation réitérée de son démenti à Ars. Enfin on l'a relégué, momentanément sans doute, au Petit-Séminaire de la Côte-Saint-André. Quant à Mélanie, elle fut, en 1850, enfermée au couvent de Corenc, maison conventuelle à laquelle appartiennent les religieuses qui avaient fait à Corps son éducation et celle de Maximin, et cette fille, qui n'avait pu faire sa première communion qu'à l'âge de 17 ans, tant elle était *dure de cervelle*, conquiert en moins d'un an la science et les vertus d'une religieuse ; son sort est fixé, elle fait partie de l'ordre de la Providence ; aux pieds des autels, elle en reçoit le costume, mais aussi, par prescription rigoureuse, elle reçoit la défense de parler de la Salette à qui que ce soit.

S. E. LE CARDINAL DE BONALD A GRENOBLE.

M. Rousselot avait écrit, le 18 août 1848, au Souverain-Pontife et lui avait adressé en même temps son rapport sur l'événement de la Salette. Pie IX, en lui répondant, le 20 septembre, lui apprenait qu'il n'avait pas encore eu le temps de le lire, ce qui n'empêche pas M. Rousselot d'inscrire cette lettre en première ligne, comme témoignage de l'adhésion du Souverain-Pontife (pages 94 et 95). Les intérêts du diocèse de Reims appellent à Rome Mgr le cardinal Gousset; et, sur sa proposition, Mgr le cardinal de Bonald, son collègue, métropolitain de l'évêque de Grenoble, est délégué spécialement par le Pape pour éclairer tout ce qui concerne l'événement de la Salette. Le Souverain-Pontife, observateur des règles que la tradition catholique a tracées, ne comprend pas qu'un fait puisse être élevé à l'état de miracle , sans avoir subi l'épreuve d'un examen sérieux que la vérité recherche , au lieu de le craindre. Mgr de Bonald se met en rapport avec son suffragant ; il écrit, il reçoit des réponses évasives ; il réclame pour que le secret des enfants lui soit transmis , on décline sa demande. Il annonce que, le 12 juillet, il sera à Grenoble , et sur-le-champ M. Rousselot se munit du secret mystérieux, et le dimanche 6 juillet il part pour Rome, en compagnie de M. Gerin, curé de la cathédrale, l'un et l'autre portent au pape les écrits de Maximin et de Mélanie.

Mgr de Bonald arrive au jour indiqué , on lui fait mystère de ce départ ; on va plus loin, on le trompe par un *pieux mensonge* , et le délégué du Pape n'emporte qu'une déception et une mystification.

Les voyageurs rentrent à Grenoble après deux mois d'absence. Ils redoutaient l'investigation éclairée de Mgr de Bonald ; pour s'y soustraire, ils se sont adressés directement au Pape ; ils n'obtiennent pas la décision qu'ils sont allés provoquer, et sentent que le terrain devient de plus en plus glissant ; ils préparent, ils terminent, le 19 septembre 1851, un Mandement doctrinal : le miracle est arrêté ; mais, à défaut de l'adhésion du Souverain-Pontife, de Mgr le cardinal de Lyon, des évêques voisins, ils veulent paraître avoir cédé aux sollicitations du clergé du diocèse.

PIEUX MENSONGES.

Le Mandement est du 19 septembre ; il constate cette sollicitation de la majorité du clergé, il importe de l'obtenir, et c'est seulement huit jours après, les 25, 26, et 27 septembre, que deux prêtres, à l'instigation de M. Rousselot, vont la réclamer individuellement de leurs confrères réunis pour la retraite ecclésiastique, pendant que M. Rousselot et son compagnon de voyage leur facilitent cette tâche en semant à profusion une notice sur leur pèlerinage à Rome. Cette notice ne prouve rien ; elle refroidit le zèle au lieu de l'échauffer ; elle provoque une réplique, puis une relation de voyage à Ars, puis une supplique à Mgr l'évêque, pour que jugement doctrinal et chapelle soient suspendus jusqu'à nouvel ordre.

Cette opposition arrête tout momentanément. M. Rousselot se rend à Vienne dans les premiers jours d'octobre ; il reprend sa demande auprès des curés de cette ville et des pays voisins ; il essuie des refus, et confie cette mission à un très modeste succursaliste, qui est un peu plus heureux que lui.—Quelques jours après, le succursaliste, en récompense, est nommé curé de canton.

INCIDENTS DE JOURNAUX.

Pendant que M. Rousselot cherchait et faisait chercher au loin des adhérents, à Grenoble, il faisait imprimer, dans un journal de la localité une lettre malheureuse; des observations très déplacées, très inconvenantes y faisaient suite. Un prêtre, qui avait fait acte de conscience en publiant vingt lignes sur son voyage à Ars; un laïque, qui avait fait lithographier une notice en réponse à celle de M. Rousselot sur son voyage à Rome, étaient grossièrement insultés. Ils insèrent, dans un autre journal, une réponse calme, honnète, digne; sur-le-champ, M. le chanoine Chambon rentre en lice, il réplique sur *l'invitation de conseils qu'il respecte*, il essaie de réfuter, il termine en réclamant de son évèque que la pensée de tous les ecclésiastiques, ses confrères, soit mise en état de siége; il fait exception, toutefois, au profit des commissions nommées par Monseigneur, et qui seules, d'après lui, doivent partager avec Sa Grandeur le droit de discuter la Salette; et il oublie, en écrivant sa malheureuse lettre, qu'un seul prêtre a parlé, et que ce prêtre est membre de la commission comme lui, comme M. Rousselot; car les contradictions pullulent sous la plume des écrivains de la Salette.—L'appel de M. Chambon est entendu; le jour même, une lettre-circulaire est adressée à tout le clergé; défense, sous peine grave, est faite de rien, absolument rien imprimer. Le prêtre, membre de la commission *réservée*, qui avait fait la courte réponse provoquée par M. Rousselot et ses attaques reçoit une lettre administrative, telle que jamais hérétique n'en subit de semblable d'aucun évèque du monde.

MANDEMENT. — JUGEMENT DOCTRINAL.

Ces moyens de rigueur réussissent, tout le monde se tait ; on croit la Salette ajournée, lorsque tout à coup apparaît le mandement du 19 septembre qui avait été soigneusement gardé en poche pendant deux mois ; il prononce doctrinalement sur le miracle de la Salette ?

Cette apparition consterne tous les amis de la vérité, de la droiture, des traditions catholiques. Dès le 13 décembre 1847, la conviction de Mgr de Grenoble était déjà entière et sans nuage (mandement, page 4), et cependant Sa Grandeur ne se prononce pas. Pour un *fait d'une telle importance,* il faut des preuves irrécusables.

Ces preuves se sont produites, mais dans un sens contraire.

En 1850, Maximin s'est rétracté à Ars ; par ordre de l'évêque, trois chanoines ont publié des opuscules, la lumière n'a pas été produite par leurs arguments ; on a reculé devant une confrontation de Maximin et du vénérable curé d'Ars. Le doute au moins subsiste, il élève nécessairement un nuage dans la conviction de l'évêque, et ce que n'a pas osé sa conviction sans nuage, sa conviction ébranlée l'ose et le fait.

Le 12 juillet 1851, on soustrait à un cardinal, délégué spécial du Pape, l'information officielle de l'affaire. Pour donner une couleur, un vernis, un prétexte à ce procédé peu respectueux, on allègue qu'on en a référé au Pape par la voie de deux émissaires. Les émissaires n'obtiennent rien du Pape, le cardinal délégué blâme avec convenance et dignité. Au lieu de suspendre un jugement, on se hâte de le prononcer et on le décore du nom de jugement doctrinal.

ENCORE DE PIEUX MENSONGES.

On agit ainsi à la date du 19 septembre 1851, et M. le vicaire général Rousselot, âme de toute cette affaire, avait adressé le 26 septembre aux journaux religieux de Paris, avait fait reproduire le 4 octobre suivant dans *l'Ami de l'Ordre* de Grenoble une lettre signée de lui, écrite avec l'autorisation de son évêque et annonçant que Monseigneur prononcera son jugement quand le moment sera venu.

La chose était faite depuis plusieurs jours, et M. Rousselot déclare à la France entière qu'elle est encore à faire.

Le mandement du 19 septembre proclame que son auteur cède *à la demande de la très grande majorité des prêtres du diocèse*, et M. Rousselot fait quêter les premières adhésions des prêtres les 25 et 26 septembre, à la retraite de Grenoble ; obligé de suspendre, il recommence et fait poursuivre tout le mois d'octobre.

Le mandement délivre un certificat d'*impartialité et de conscience* aux ouvrages de M. Rousselot (page 4), et ces ouvrages se distinguent par les qualités tout opposées.

Il constate que les enfants n'ont jamais varié dans leur témoignage, et la rétractation de Maximin, à Ars, a été réfutée par M. Bez, par M. Rousselot, dans des ouvrages approuvés par Mgr de Grenoble, et M. le chanoine Chambon a soutenu sur ce point une polémique dans les journaux par les ordres de ce même évêque.

Il assure que les enfants ont été invariables devant

la justice humaine, et jamais la justice ne s'est occupée d'eux.

Il déclare que l'évêque est prêt à réformer son jugement sur la Salette si le Souverain-Pontife émet un jugement contraire au sien, et, par là-même, il reconnaît devant le monde entier que le voyage de MM. Rousselot et Gerin, à Rome, n'a pas été couronné par l'approbation du Souverain-Pontife.

Il interdit aux fidèles et aux prêtres du diocèse de jamais s'élever publiquement, de vive voix ou par écrit, contre le fait de la Salette, parce que la parole de son auteur mérite le respect de tous. Mais la parole du métropolitain, cardinal et délégué par le Pape, mérite aussi respect, et cette parole est contraire au fait de la Salette. Mais il en est de même de la parole de tous les évêques qui avoisinent le diocèse de Grenoble. Dans ce conflit de respects contradictoires, à qui incliner ? Le mandement du 19 septembre est vraiment une énigme.

Enfin, il prononce que c'est la Sainte Vierge qui a apparu en 1846 sur la montagne de la Salette, et les enfants n'ont jamais parlé que d'une Dame blanche. Il prouve que, dans les choses mystiques, plus on est pour faire marcher une affaire, plus aussi elle avance.

Le mandement du 19 septembre causa une émotion profonde ; il tendait à enlever d'assaut l'affaire si nuageuse de la Salette, quelques victimes devaient rester sur le terrain.

PREMIERS FRUITS DU MANDEMENT.

M. Robert, vicaire de Saint-André, le lut à la messe paroissiale ; on l'accusa de ne pas avoir eu cet air mystique qui annonce une conviction profonde, aussitôt on l'enlève à son poste qu'il occupait depuis 12 ans, on lui assigne une mauvaise cure de montagne. La paroisse de S-André s'émeut, la fabrique réclame, M. Robert allègue des raisons de santé pour ne pas se rendre à son *tombeau de glace*, on l'interdit, et aujourd'hui, il est employé dans une paroisse de Paris jusqu'au moment où il pourra abriter son indépendance et sa foi sous le pavillon d'un vaisseau de la France.

M. Kœnig, curé de Tullins, avant de faire lire le mandement, adresse quelques paroles à ses ouailles sur une conversation qu'il a eue avec M. le curé d'Ars, relativement à Maximin et à la Salette ; sur-le-champ, il est interdit de la chaire pour six mois et livré au bras séculier pour être arrêté, emprisonné et successivement déporté.

Heureusement pour lui, un de ses collègues est prévenu à temps et intervient auprès de l'autorité civile ; il agit de concert avec un général d'artillerie, type de la loyauté, de la franchise et de l'honneur ; il réussit à grand'peine à obtenir un sursis, et M. le général Rey en profite pour réclamer, sous sa garantie personnelle, auprès du général Castellane et obtenir à M. Kœnig la sécurité de l'avenir.

Un prêtre avait concouru à ces actes de délicatesse du général Rey ; il avait droit à une *récompense*, elle ne se fait pas attendre, et il est frappé tout à coup d'un interdit tellement odieux, tellement absurde, que les partisans eux-mêmes de la Salette sont consternés de cette violation de toutes les règles, de tous les droits, de tous les devoirs.

M. Kœnig avait un vicaire incroyant comme lui ; il est retiré de Tullins et envoyé, après 14 ans de ministère, dans le vicariat qui passe pour le plus inhospitalier du diocèse.

Une tante de ce vicaire, femme simple mais catholique fervente, ne peut pas croire à la Salette, elle craint d'être coupable de désobéissance au mandement de son évêque, cette crainte alarme sa conscience. — Son neveu la rassure en lui disant que la Salette n'est pas un article de foi. M. Rousselot l'apprend, il gourmande le vicaire et termine sa longue lettre en lui signifiant que, malgré ses droits et son désir, il n'arrivera pas à une succursale par le chemin qu'il prend.

Dans le diocèse de Grenoble, depuis le mois de novembre, il n'est qu'une voie pour obtenir quelque chose, il faut croire à la Salette ; il faut plus encore, il faut faire au-delà de son devoir pour en favoriser et étendre le culte.

Une quête est ordonnée dans toutes les paroisses du diocèse pour l'érection de la chapelle sur la montagne sainte. Un curé qui ne croit pas (et le nombre de ceux-là est très considérable) reçoit le mandement, le lit, fait procéder à la quête, recueille et transmet au secrétariat de l'évêché le produit de la collecte.

Sa paroisse n'est pas très croyante, l'offrande s'en ressent, et pendant que le Sauveur a des éloges pour la veuve qui met un misérable denier dans le tronc, à l'évêché, on a des paroles de blâme pour le curé et on joint à ces paroles le renvoi humiliant de la quête qu'il a reçue.

Ce qu'on demande, apparemment, ce n'est pas la pureté de l'intention, c'est la quotité de la somme versée.

Est-ce là l'enseignement du Dieu qui vécut pauvre et qui ne légua à ses apôtres que la pauvreté et la vertu, la vertu et la vérité ?

PRÉCAUTIONS DÉJOUÉES.

Un dernier point inquiétait cependant les croyants. Ils savaient que les évêques qui avoisinent le diocèse de Grenoble ne pensaient pas comme eux et que leur opinion influait naturellement sur de nombreux fidèles, mais ils savaient aussi

Qu'avec la terre il est des accommodements.

Mgr l'évêque de Valence est prié de venir poser la première pierre de la chapelle à élever sur la montagne. Il peut d'autant moins s'y refuser, qu'il a été longtemps vicaire général de son collègue de Grenoble, âgé de 87 ans, malade et incapable de se rendre à la Salette. Il accepte ; mais il entend que son acte soit apprécié à sa juste valeur, et rien de plus ; il fait acte de complaisance, il ne fait pas acte d'adhésion.

Cette réserve de sa part est notifiée. Un deuxième mandement, à la date du 1er mai 1852, annonce au diocèse entier et aux diocèses voisins le concours de Mgr de Valence ; et le 25 mai, jour de la cérémonie, il arrive sur la Montagne, après avoir traversé le Diois et le Gapençois. Il y trouve Mgr de Grenoble, qui s'y était rendu avec son médecin, précaution bien irréfléchie de la part de celui qui a une foi profonde dans les guérisons miraculeuses retracées par la plume de M. Rousselot. La présence de Mgr de Valence n'avait plus de motifs apparents, si ce n'est le sentiment de foi qui était censé la provoquer. Aussi l'a-t-il senti et s'en est-il plaint en termes pleins de convenance, mais aussi pleins d'énergie.

Ses plaintes ne parviennent qu'à quelques oreilles,

elles passent ; sa présence est un fait connu de tout le monde, ce fait ne passe pas. Mgr Chatrousse est un croyant converti... au moins aux yeux du public.

Mgr de Gap est tout à fait incrédule ; on a besoin de lui pour donner la confirmation dans une partie de l'arrondissement de Grenoble (car l'âge et la santé de l'évêque de Grenoble ne lui permettent pas ces courses pénibles); on fait à sa complaisance un appel qui est facilement entendu ; mais on réclame de lui qu'il ne parle pas du tout de la Salette.

La délicatesse dicte la réponse de Mgr Déperry ; on est sûr de son silence, et, dans les cantons qu'il va parcourir, un curé est choisi, de çà, de là, pour recevoir la confidence de la conversion de l'évêque de Gap à la Salette. Son silence aurait, plus tard, été interprété dans ce sens.

On comptait sans le zèle maladroit de l'un des confidents, qui alla de bonne foi féliciter Mgr Déperry, et ménagea une explication très compromettante. La ruse fut déjouée. Mgr de Gap n'a pas même laissé les apparences d'un converti à la Salette.

Mgr le cardinal de Lyon avait souvent manifesté son opposition; on imagine un miracle de guérison, par l'eau de la Salette, sur un membre de sa famille ; à la suite de ce miracle, un changement complet dans les sentiments jusque-là hostiles du prélat, et pour que cette conquête précieuse ne soit mise en doute par personne, on parle de tout cela en chaire, on réclame des actions de grâces. — Malheureusement, Lyon n'est pas assez éloigné de Grenoble, et tous ces détails de guérison dans la famille du cardinal, de changement dans ses opinions sont une pieuse invention : il n'y a rien, absolument rien de vrai ; ce qui n'empêche pas M. le supérieur des missionnaires de la Salette, parcourant, en juillet 1852, le canton du Pont-de-Beauvoisin, de répéter à tous ses confrères que Mgr de Bonald est un croyant par reconnaissance, Mgr Chartrousse un croyant par conviction, tant il est dans la nature de l'erreur de ne pouvoir se soutenir que par l'erreur!

CONCLUSION.

Loin de moi la pensée de récapituler, même sommairement, les détails ou incidents que je viens de retracer ; c'est trop déjà d'avoir été condamné à le faire une fois, et pour m'y déterminer, il n'a fallu rien moins que le sentiment d'un grand devoir à remplir.

J'ai entendu parler de la Salette dans toutes les villes de France ; quelle est celle où M. Rousselot n'a pas expédié ses brochures ? celle où n'est pas parvenu le Mandement du 19 septembre ? — Dans les pays éloignés de Grenoble, le clergé, les fidèles intelligents se refusent à croire. Ils ne savent pas allier le concours extraordinaire, annuel, de plus de cent mille pèlerins, annoncé par M. Rousselot, et l'absence totale de miracles sur le théâtre même de l'apparition, et en confirmation du fait lui-même ; c'est à d'autres traits qu'ils reconnaissent la main de Dieu. — Dans les pays plus rapprochés, dans le Rhône et dans l'Ain, dans l'Ardèche et dans la Drôme, dans les Alpes et la Savoie, évêques, clergé, fidèles sont confondus dans le même sentiment d'incrédulité ; ils connaissent le voyage de Maximin à Ars et sa rétractation. Deux ans bientôt se sont écoulés depuis que ce démenti a retenti dans la presse, a ménagé à l'Eglise, à la France le spectacle affligeant d'un vicaire général, de deux chanoines vouant, en quelque sorte, au ridicule un prêtre objet de la vénération publique (tant il fait revivre depuis trente-cinq ans, dans un pays pauvre et isolé, les vertus d'un François-Régis) et cela pour exalter la véracité d'un enfant, menteur avant la scène du 19 septembre 1846, menteur encore à Corps, au Petit-Séminaire de Grenoble, à la Grande-Chartreuse, à l'Œuvre de Saint-Joseph, à la forge de l'ouvrier auquel on l'a confié, au Petit-Séminaire de la Côte-St-André, partout où on promène son existence vagabonde et embarrassante. Pendant ces deux ans, on a éludé l'autorité d'un cardinal délégué par le Pape ; on est allé à Rome solliciter une solution, et Rome s'est refusée à la donner ; on a cherché une solution au moins apparente partout où elle ne pouvait pas être ; on s'est obstiné à ne pas la chercher là seulement où on pouvait la trouver ; on avait la vérité sous la main , douze heures suffisaient pour franchir la distance de Grenoble à Ars, et cette distance on ne l'a pas franchie, et on n'a pas osé mettre Maximin en regard du saint prêtre pour lequel on a eu tant de paroles de dédain ; et cette confrontation, cependant, est le point capital de la Salette ; elle est la pierre angulaire d'une chapelle solide et durable ; elle fera plus à elle seule, pour le pèlerinage de la montagne, que le corps improvisé des missionnaires de la Salette. — On a reculé devant cette confrontation : à quoi a-t-on abouti ?

Un pèlerinage appelle tous les jours et pendant toute l'année à Ars de nombreux visiteurs ; il n'est pas une grande fête qui ne les amène par milliers, cela dure depuis trente-cinq ans, tout le monde le sait, tout le monde s'y rend, on n'a besoin ni de réclames dans les journaux, ni de brochures expédiées dans tous les pays, ni de mandements imposant la croyance ; un saint prêtre est là, il est seul, il est à tous, il possède au plus haut degré la vertu, pierre de touche de toutes les autres, l'humilité. Aussi, depuis deux ans, le nombre des pèlerins qui se rendent à Ars va s'augmentant chaque jour, et pendant que Dieu ménage cette réparation à son humble serviteur, qu'un esprit de parti étroit et insensé a essayé de dénigrer au profit d'un bambin et de la Salette, le pèlerinage de la Salette baisse. Pour le relever, on attache à la montagne un corps de missionnaires ; ils y séjourneront quatre mois ; puis, ils viendront à Grenoble, ils iront dans les paroisses du diocèse prêcher et réveiller le feu sacré, comme si Dieu avait besoin de ces moyens humains pour consolider une œuvre qui serait vraiment à lui !

Le vénérable curé d'Ars n'a en vue que la gloire de Dieu, et les bénédictions du ciel pleuvent sur la paroisse qu'il habite.

Tous les jours il attend Maximin, il appelle la confrontation, mais il ne la provoque pas. C'est aux fondateurs de la Salette à rechercher la lumière, ils ne peuvent la trouver que là.

Dans le premier siècle de l'Eglise, l'apôtre par excellence, saint Paul, apprend qu'à Athênes l'aréopage se flatte de posséder la vérité ; il ne calcule pas la distance, il part, il se rend au milieu des aréopagistes ; il n'impose pas, en qualité d'apôtre, sa doctrine, il l'expose, la discute et la prouve. Voilà le cachet de la vérité, aussi saint Paul triomphe et les plus célèbres de ses adversaires deviennent ses plus fervents disciples.

Ce n'est pas une école de philosophes qui attaque l'événement de la Salette, c'est un prêtre universellement vénéré. Sa demeure n'est pas en Asie, elle est aux portes de Grenoble ; avec l'autorité de sa vertu, de sa dignité sacerdotale, de son nom, il dépose, il soutient que Maximin s'est rétracté. Son langage est celui de la vérité et tant qu'on redoutera sa présence, on se débattra vainement pour faire croire à un malentendu. Une explication met fin à un malentendu ; on repousse l'explication, donc on a la conscience qu'à Ars est la vérité.

Voilà le langage de tous les diocèses voisins de Grenoble, de la grande majorité du clergé dauphinois. L'incident d'Ars, quelques autres points plus intéressants que les autres, plus propres à projeter la lumière au milieu des ténèbres qu'on semble avoir condensées à dessein, fixeront, par une discussion sérieuse et approfondie, toute incertitude sur le fait de la Salette.

Dans l'économie de la religion, aucun fait n'est isolé ; les uns sont liés aux autres par un enchaînement salutaire. La foi à la Salette admise, à la Salette telle qu'on l'a révélée, avec ses panégyriques mensongers, ses miracles plus que douteux, ses incidents de nature si diverse, ses erreurs multipliées, toute certitude sur les faits qui ne sont pas contemporains disparaît, l'édifice religieux élevé par une tradition de dix-huit siècles n'est plus un abri contre l'erreur ; une croyance qui a subi, sans contradiction, l'épreuve du temps, rentre dans le domaine d'une discussion souvent impossible, et dès lors est ébranlée ; la religion perd en grande partie son heureux prestige, et dans ce naufrage des accidents que Jésus-Christ a permis depuis la mission confiée à ses apôtres, et que nous avons acceptés comme vérité épurée au creuset de la discussion, on court risque de voir s'altérer dans la pensée des hommes quelques-unes de ses vérités fondamentales. C'est là un danger qui éveille la sollicitude de tous les fidèles ; c'est pour le conjurer que je prends la plume. La Salette peut disparaître du symbole de ses croyants, et la religion n'aura rien perdu encore ; la Salette a besoin, pour protéger son existence, de gagner à sa cause les évêques les plus rapprochés du diocèse de Grenoble, les plus à même de s'éclairer, d'éclairer leur clergé, leurs fidèles ; elle a besoin, si, contre toute attente, l'événement a quelque fondement, d'obtenir leur adhésion pour mettre fin à ce spectale affligeant d'une espèce de dogme prêché à Grenoble, proscrit à Gap, repoussé à Lyon, Valence, Chambéry, que sais-je ? Quoi qu'il advienne, je serai heureux de voir se clore enfin cette longue série d'erreurs et de fautes, que ne saurait protéger le mandement du 19 septembre en imposant un silence qui n'a jamais été pour les évêques un droit, qui ne peut pas être pour les fidèles un devoir.

L'enfant reçoit de sa mère les premières idées de Dieu et de la religion, mais il les reçoit presque toujours sans explication, il croit machinalement sur la foi de sa mère. Le moment approche où il va faire sa première communion, les explications commencent, l'Eglise veut que la foi de l'enfant soit éclairée avant qu'il fasse l'un des actes les plus importants de sa vie chrétienne. Le curé de la paroisse est chargé de ce soin.

Plus tard, l'intelligence de l'enfant se développe avec l'âge, un catéchisme plus développé est mis entre ses mains, des explications plus étendues lui sont données. Pour croire, pour pratiquer, il a le droit de comprendre les motifs de sa foi.

M. Rousselot se prête lui-même, sous les yeux de son évêque, à ce mécanisme très naturel et chaque année il enseigne dans la cathédrale un catéchisme de persévérance aux jeunes personnes, desquelles il provoque objections et observations ; il tient à être compris.

L'enseignement du catéchisme petit, grand, ou de persévérance, roule sur les points fondamentaux de la religion; cet enseignement est prescrit, il est ordonné par les évêques ; sa nécessité est reconnue par une pratique universelle, et si cette pratique n'a jamais été suspendue, c'est qu'elle porte sur des vérités qui n'ont rien à redouter de la discussion.

Le fait de la Salette est un accident : sa croyance n'est pas, ne peut pas être obligatoire. Comment serait-on plus téméraire en étudiant les raisons sur lesquelles on veut l'appuyer, que ne le sont tous les prêtres, tous les évêques de tous les temps, en étudiant, au profit de la catholicité entière, les raisons sur lesquelles on appuie les croyances et les pratiques essentielles ?

Il faut donc ou réformer l'enseignement de ces dernières ou tolérer que la Salette rentre dans le droit universel et commun.

Chaque chapitre sera consacré à l'exercice de ce droit et conduira tous mes lecteurs à cette conclusion :

Qu'est-ce que la Salette pour le diocèse de Grenoble? Tout.

Que doit-elle être? Rien.

CHAPITRE V.

RÉCIT DES ENFANTS DE LA SALETTE. — APPRÉCIATION DE
LEUR CARACTÈRE ET DE LEUR VÉRACITÉ. (1)

Après avoir fait boire nos vaches et avoir goûté, nous nous
sommes endormis à côté du ruisseau, tout près d'une petite
fontaine tarie. Puis Mélanie s'est réveillée la première et m'a
éveillé pour aller chercher nos vaches et en nous retournant
nous les avons vues couchées de l'autre côté. Puis en descendant, Mélanie a vu une grande clarté vers la fontaine, et elle
m'a dit : Maximin, viens voir cette clarté! Je suis allé vers
Mélanie, puis nous avons vu la clarté s'ouvrir, et dedans
nous avons vu une dame assise comme ça, (l'enfant s'assied,
les coudes sur les genoux, la figure dans les mains), et nous
avons eu peur. Et Mélanie a dit : Ah! mon Dieu! et elle a laissé
tomber son bâton, et je lui ai dit : Garde ton bâton, va; moi,
je garde le mien; *s'il* nous fait quelque chose, je lui donne
un bon coup de bâton (l'enfant sourit en racontant cette circonstance)! Et la Dame s'est levée, a croisé les bras, et nous
a dit : « Avancez, mes enfants; n'ayez pas peur; je suis ici

---

(1) Ce récit est tiré textuellement de *la vérité sur l'événement de la Salette* par M. Rousselot, vicaire général, le plus
fervent apologiste de ce fait. Pages 64, 65, 66, 67, 68 et 69.

pour vous conter une grande nouvelle. » Et nous n'avons plus eu peur ; *puis nous* sommes avancés, avons passé le ruisseau, et la Dame s'est avancée vers nous autres, à quelques pas de l'endroit où elle s'était assise ; et nous a dit :

Si mon peuple ne veut pas se soumettre, je suis forcée de laisser aller le bras de mon fils ; il est si lourd et si pesant, que je ne puis plus le retenir. Depuis le temps que je souffre pour vous autres ! si je veux que mon fils ne vous abandonne pas, je suis chargée de le prier sans cesse pour vous autres qui n'en faites pas cas.

J'ai donné six jours pour travailler, je me suis réservé le septième, et on ne veut pas me l'accorder ! c'est ça qui appesantit tant le bras de mon fils.

Aussi ceux qui mènent les charrettes ne savent plus jurer sans y mettre le nom de mon fils. Ce sont les deux choses qui appesantissent tant le bras de mon fils.

Si la récolte se gâte, ce n'est rien que pour vous autres. Je vous l'ai fait voir l'année dernière par la récolte des pommes de terre ; vous n'en avez pas fait cas ; c'est au contraire, quand vous en trouviez de gâtées, vous juriez, vous mettiez le nom de mon fils ; elles vont continuer à pourrir, et, à Noël, il n'y en aura plus.

Mélanie ne comprenait pas bien, et commençait à me demander ce que c'était ; de suite la Dame répondit :

Ah ! vous ne comprenez pas le français, mes enfants, attendez *que* je vais vous le dire autrement.

Si la récolta se gasta, eï ré quë pér vous aouetrë. Vous aviëou fa veirë l'an passa *pér la truffa*, n'aya pas fa ca. Era oou countrérë ; quan n'ën troubava de gasta, jurava, l'y bitava lou noum dë moum fi. Van countuya que pér chalëuda y ouera plus.

Aquël qu'a dë bla dë pas lou sëmëna, quë la bèstia lou mëngearein : si n'en vén qua-

Si la récolte se gâte, ce n'est rien que pour vous autres ; je vous l'ai fait voir l'année passée par les pommes de terre ; vous n'en avez pas fait cas ; c'était au contraire ; quand vous en trouviez de gâtées vous juriez, vous mettiez le nom de mon fils. Elles vont continuer, *que* pour la Noël il n'y en aura plus.

Que celui qui a du blé ne le sème pas ; *que* les bêtes le mangerout ; s'il en vient quel-

ouequa planta ën l'ëscouan toumbara tout ën poussièra.

Vaï vêni una granda famina. D'avan quë la famina vênë, lou marinou mari poue dëssou de sept ans prëndran un tramblë, muriréin entrë lou bras dë la persouna quë lou tëndréin, et lou gran faran lour pënitança de fan. Lou rasin puriréïn ; la nouzë vendran boffa.

Si së counvertissoun, la péïra, lou routcha vëndra ën dë bla, la truffa se trouvaré ënsëmença pér la terra.

— Puis elle nous dit :

Fasa bién vouatra prièra, mon mari ?

— Tous deux nous répondîmes : Oh ! uo, madama, pas gaïrë.

— Et elle nous dit :

Ah ! mou mari, la cho bien fa vêprë ët mati Quan n'ouerë pas lou tém dë soulamen dirë un *Pater*, un *Ave Maria*, ë quan ouerë lou tém, n'ën maï dirë.

Vaï quë quaouqua fenna en d'iâgë a la mëssa ët lous aouerë travayoun tout l'ëstiëou ; et piëï, van ëen hiver a la messa rién quë pér së mouqua dë la rëligion. Van a la boucharia couma dë chi.

Ensuite elle a dit :

ques plantes, en les battant, il tombera tout en poussière.

Il va venir une grande famine ; avant que la famine vienne, les petits enfants au-dessous de sept ans prendront un tremblement, mourront entre les bras des personnes qui les tiendront, et les grands feront leur pénitence par la faim. Les raisins pourriront et les noix deviendront mauvaises.

S'ils se convertissent, les pierres, les rochers se changeront en blé : les pommes de terre se trouveront ensemencées par la terre.

Puis elle nous dit :

Faites-vous bien votre prière, mes enfants ?

Tous deux, nous répondîmes : Oh ! non, madame, pas guère.

Et elle nous dit :

Ah ! mes enfants, il faut bien la faire, soir et matin ; quand vous n'aurez pas le temps, dire seulement un *Pater* et un *Ave Maria*, et quand vous aurez le temps, en dire davantage.

Il ne va que quelques femmes un peu âgées à la messe, et les autres travaillent tout l'été ; et puis ils vont l'hiver à la messe rien que pour se moquer de la religion. Ils vont à la boucherie comme des chiens.

Ensuite elle a dit :

Nava gi vēgu dē bla gásta, moun mari?

Je répondis: Oh! no, madama, n'avēn gi vugu.

Alors elle m'a dit:

Mé, tu, moun mari, n'en duva bé avē vēgu un viâgë vér ou Couïn ēmbe toun papa: quē l'homē dē la pèça dicét a toun papa: vêné véirë moun bla gasta? L'éï anèra, prēnguèra dous, trëï ëspia dē bla dıu sa ma; ët péi quē la frētét, et quē tounsbéit tout en poussièra. Et péï qu'ēn vous rëtournan èra plus quē diméï houra luein de Couarp et qoë toun papa tē douné una pèça dë pa ën të disen : Té, moun mari, mēngea aquëou pa, què saou pas quē va mēngea l'an quē vén.

Je lui répondis : Es-bén vrai, madamou, m'ēn rappelavou pas.

N'avez vous jamais vu du blé gâté, mon petit?

Je répondis: Oh, non, madame, je n'en ai jamais vu.

Alors elle m'a dit:

Mais toi, mon enfant, tu dois bien en avoir vu une fois vers le *Coin*, avec ton père; *que* l'homme de la pièce dit à ton père: Venez voir mon blé gâté? Vous y allâtes; il prit deux ou trois épis dans sa main, et puis il les frotta, et puis tout tomba en poussière. Et puis en vous retournant, quand vous n'étiez plus qu'à demi-heure loin de Corps, ton père te donna un morceau de pain, en te disant: tiens, mon petit, mange ce pain; *que* je ne sais pas qui en va manger l'an qui vient?

Je lui répondis :

C'est bien vrai, madame, je ne m'en rappelais pas.

Après cela elle nous dit en français :

Eh bien! mes enfants, vous le ferez passer à tout mon peuple.

Puis elle a passé le ruisseau, et, à deux pas du ruisseau, sans se retourner vers nous, elle nous a dit encore : « Eh bien! mes enfants, vous le ferez passer à tout mon peuple. »

Puis elle est montée une quinzaine de pas, en glissant sur l'herbe, comme si elle était suspendue et qu'on la poussât; ses pieds ne touchaient pas le bout de l'herbe; nous la suivîmes sur la hauteur; Mélanie a passé par-devant la Dame, et moi à côté, à deux ou trois pas.

Avant de disparaître, cette belle Dame s'est élevée comme ça (Maximin désigne une hauteur de 1 mètre 50), elle resta ainsi suspendue en l'air un moment, puis nous ne vîmes plus la tête, puis les bras, puis le reste du corps; elle semblait se fondre. Et puis il resta une grande clarté que je voulais attraper avec la main, avec les fleurs qu'elle avait à ses pieds ; mais il n'y eut plus rien.

Et Mélanie me dit : Ce doit être une grande sainte. Et je lui dis : Si nous avions su que c'était une grande sainte, nous lui aurions dit de nous mener avec elle.

Après, nous étions bien contents, et nous avons parlé de tout ce que nous avions vu ; et puis nous avons été garder nos vaches.

Le soir, en arrivant chez nos maîtres, j'étais un peu *triste*; et comme ils me demandaient ce que j'avais, je leur racontai tout ce que cette Dame nous avait dit.

D. Dis-moi, Maximin, quand est-ce que la Dame t'a donné ton secret?

R. Après qu'elle a dit : Les raisins pourriront et les noix deviendront mauvaises. Alors la Dame m'a dit quelque chose en français, en me disant : tu ne diras pas ça, ni ça, ni ça... Elle a gardé aussi un moment le silence ; il me semblait qu'elle parlait à Mélanie.

D. Quelle heure était-il quand vous vous êtes réveillés et que vous avez vu cette Dame?

R. C'était par là deux ou trois heures.

Tel est le récit de Maximin, conforme pour le fond, presque pour les termes, à celui de Mélanie (M. Rousselot, page 69). Inutile dès lors de reproduire le récit de cette dernière.

INEXACTITUDE DU RÉCIT SOUS LA PLUME DE M. ROUSSELOT.

Mais les deux enfants ont dit aussi à plusieurs visiteurs de la Salette ; ils ont répété à l'évêché, sous les yeux de Monseigneur et en présence de M. Rousselot, qu'ils ont vu aussi, à une autre époque que le 19 septembre 1846, une dame noire sur la montagne ; Mélanie a déclaré avoir été accompagnée jusque chez son maître par une lumière miraculeuse qui la précédait, un soir qu'elle était attardée et descendait seule au village de la Salette. Comment cette double révélation n'est-elle pas jointe à leur récit tel que M. Rousselot le rapporte? A-t-il craint qu'en disant tout on fût tenté de voir dans les deux enfants des visionnaires? A-t-il craint que le dogme de la Salette fût compromis. J'ignore. Toujours est-il que le récit est inexact, et cependant ce récit est le point de départ de toute argumentation au profit de la Salette.

APPRÉCIATION DU RÉCIT.

D'autre part, la belle dame commence à parler français; puis, à moitié de sa harangue, elle s'aperçoit que ses petits confidents ne comprennent pas le français, et sans prendre la peine de répéter en patois ce qu'elle a dit, au risque de ne pas avoir été comprise, elle poursuit en patois; puis elle termine en français la partie la plus importante de sa mission, celle de *faire passer* son langage à son peuple.

Quand elle prononçait en français les mots : *pommes de terre, pourrir, Noël*, les enfants ne comprenaient pas, et rien cependant n'est plus usuel que ces mots-là. La belle dame pressent l'ignorance de Maximin et de Mélanie, elle se met à parler patois; puis pour prononcer les deux mots : *faire passer*, bien moins usités que tous les autres, et dont l'intelligence est indispensable aux deux enfants, puisqu'ils renferment la cause de l'apparition, elle se reprend et parle français.

Comprenne qui pourra !

La dame fait d'abord une menace absolue.

« Pour la Noël, il ne doit plus y avoir de pommes de terre.

« Inutile de semer le blé, il sera mangé par les bêtes, et les plantes qui échapperont tomberont en poussière.

« Une grande famine viendra.

« Les petits enfants au-dessous de sept ans mourront d'un tremblement convulsif.

« Les grands feront pénitence par la faim.

« Les noix deviendront mauvaises.

RIEN DE TOUT CELA NE S'EST RÉALISÉ.

« Les raisins pourriront.

En 1851, c'est-à-dire cinq ans après, une maladie a attaqué quelques vignes dans certains pays et le raisin des vignes malades s'est desséché. Cette maladie avait été remarquée en Angleterre, en 1845, les journaux en avaient parlé ; mais les raisins, en général, n'ont pas pourri.

La dame fait ensuite une promesse conditionnelle.

« S'ils se convertissent, les pierres, les rochers, se « changeront en blé ; les pommes de terre se trouveront ensemencées par la terre. »

Tout le canton de Corps s'est converti, d'après M. Rousselot (page 94) : les pierres et les rochers ne se sont pas changés en blé, les pommes de terre ne se sont pas trouvées ensemencées par la terre.

La promesse conditionnelle n'a pas eu plus de succès que la menace absolue, et ici je fais de l'histoire.

M. Rousselot, qui avait constaté comme un fait la conversion de tout le canton de Corps, s'aperçoit, deux ans après, que cette conversion n'existe que dans son imagination. Après avoir fait le tableau de la révolution de février, qui toutefois avait précédé son premier ouvrage, il écrit les lignes suivantes (page 26 de son ouvrage) :

« Des esprits solides ont cru découvrir dans l'érup-
« tion terrible du volcan révolutionnaire l'accomplis-
« sement littéral des premières paroles prophétiques
« sorties de la Vierge de la Salette: *Si mon peuple*
« *ne veut pas se soumettre, je suis forcée de laisser*
« *aller le bras de mon Fils; il est si lourd, si*
« *pesant, que je ne puis plus le retenir.* Beaucoup
« de personnes se sont imaginées depuis lors que
« cette épouvantable catastrophe était le secret confié
« aux petits bergers. Ceux-ci n'ont rien dit; mais qui
« sait si les autres parties de la prophétie n'auront
« pas aussi leur terrible accomplissement, *si on ne*
« *se convertit?* »

M. Rousselot possède une arme à deux tranchants,
et sous sa plume le récit des enfants, les paroles de la
belle dame sont une lanterne magique, on y trouve
tout ce qu'on veut.

Enfin, la dame livre un secret particulier à chacun
des deux enfants.

Des efforts incroyables ont été faits auprès d'eux
pour connaître ce secret (M. Rousselot, pages 72 et
73). L'un et l'autre résistent à toutes les séductions ;
Maximin déclare être prêt à mourir plutôt que de le
livrer, même au Pape.— En 1851, il le livre à M. Rousselot ; il est vrai que, par cet acte, l'un et l'autre fai-
faient une niche à un cardinal, délégué du Pape. —
Aussi le Pape s'est-il dispensé de donner la moindre
satisfaction aux deux émissaires de Grenoble.

Mais, en présence de ces faits, de cette appréciation, de cette prophétie si élastiques, quelles qualités
possèdent donc les enfants pour avoir fasciné, absorbé
un vicaire général, des chanoines, quelques prêtres
et, à leur suite, d'assez rares croyants dans le monde
catholique ?

APPRÉCIATION DU CARACTÈRE DES ENFANTS.

— Maximin est âgé de 11 ans ; il est sans intelligence, il est menteur, jureur, décontenancé : M. Rousselot avoue tout cela. Ses défauts, au lieu de se réformer depuis l'apparition, ne font que se développer avec plus de force.

A Corps, pendant les trois ans qu'il passe chez les sœurs de la Providence, il se dérobe à chaque instant à leur surveillance pour aller dans les cafés et cabarets, et dès qu'il a reçu les étrennes de quelques visiteurs, ces étrennes sont pour lui de vrais pour-boire ; il ne rentre au logis que lorsqu'il a joué et bu jusqu'au dernier centime.

Un jour, il monte à la Salette avec M. James, supérieur du Petit-Séminaire d'Embrun ; il rencontre en route deux sœurs de Saint-Charles qui descendaient de la Montagne et s'arrêtent pour converser avec M. James.— Il interrompt les interlocutrices, et, se croisant les bras, leur dit avec arrogance : « Je veux bientôt fonder un ordre de religieuses qui vaudra mieux que le vôtre. » En arrivant sur la montagne, il va à une cabane servant de cabaret, y trouve trois ou quatre hommes attablés et buvant de l'eau-de-vie, saisit un verre de table mi-plein, et l'avale d'un trait. Il était coutumier du fait, le cabaretier n'en fut pas étonné.

Après sa rétractation à Ars, il est rencontré à Lyon par un ami intime de M. l'abbé Selves, secrétaire de l'Archevêché. Ce personnage, bon chrétien, lui parle en termes très élogieux de M. le curé d'Ars. — Maximin, ôte le cigare qu'il avait à la bouche pour saccader plus lentement ces mots : « Je me f.... du curé d'Ars comme de la bouc de mes souliers. »

Au Petit-Séminaire de Grenoble, il ment plus à lui seul que tous ses camarades ensemble.

A la Grande-Chartreuse, il indispose contre lui les frères et les voyageurs; il tranche du maître insolent et il en a toute l'arrogance.

A Grenoble, chez son maître serrurier, il ne cesse de répéter aux ouvriers qui travaillent avec lui : « Je leur dis depuis longtemps (aux chanoines et curés) que la Salette est une farce, ils vont tout de même en avant. » Ses camarades sont scandalisés de ses habitudes systématiques de jurements et de blasphèmes.

— Mélanie, de son côté, est insouciante, paresseuse, désobéissante et boudeuse, au point de ne vouloir pas quelquefois répondre à ceux qui lui adressent la parole (M. Rousselot, pages 44 et 45). Placée, immédiatement après l'apparition, chez les religieuses de Corps, elle est l'objet de leur attention particulière, et, toutefois, ce n'est que vingt-un mois après l'apparition, et à l'âge de 17 ans, qu'elle est admise à faire sa première communion. Mélanie, du reste, est redevable à son insouciance de ne pas avoir joué le principal rôle; elle a légué ce soin à Maximin.

Toutefois, en 1848, elle était avec Maximin, lorsqu'un haut fonctionnaire de Grenoble, traversant Corps, fut conduit, par l'inspecteur primaire et les deux instituteurs du pays, au domicile des sœurs de la Providence. Interrogés sur les détails de l'apparition de la dame de la montagne, les enfants débitent, sans hésitation et avec la volubilité des écoliers, leur récit habituel. — Ce langage, leur dit le haut fonctionnaire, a-t-il été le vôtre dès le moment même de l'apparition? Est-ce dans ces termes que vous avez parlé à vos maîtres, le soir même du 19 septembre 1846? — Nôn, répondent, sans hésiter, les deux enfants. — Comment donc, maintenant, parlez-vous d'une manière si précise et si sûre? — C'est M. le curé qui a rappelé nos souvenirs.

Vingt personnes ont entendu cette réponse, les instituteurs et les institutrices de Corps étaient là ; la nature venait d'être prise sur le fait : *C'est M. le curé qui a rappelé nos souvenirs.*

L'écolier qui récite, pour la première fois, une leçon apprise a la mémoire moins sûre et son débit s'en ressent ; s'il la récite huit jours, quinze jours de suite, son débit devient plus rapide de jour en jour ; s'il la répète à chaque instant, il finit par le faire avec une grande volubilité. N'est-ce pas là le fait de Maximin et de Mélanie? *M. le curé a rappelé nos souvenirs.*

M. Rousselot, sans le vouloir assurément, vient à mon aide (page 59). Il reconnaît que, *dès le commencement,* les deux bergers ne racontaient l'apparition *ni avec la même facilité, ni avec la même volubilité ;* mais que, depuis longtemps, *ils la redisent comme une leçon apprise.*

Est-ce là le caractère d'une vision miraculeuse ? La première impression n'est-elle pas alors la plus forte ? Les mots pour la communiquer, surtout la première fois, ne se pressent-ils pas sur les lèvres de l'être privilégié , et n'est-ce pas à ces traits, à ces traits seuls, qu'on peut juger de la vérité de son langage ?

Il était donné à Maximin et à Mélanie de procéder autrement.

Le premier vient à la Salette, pour la première fois, le 14 septembre 1846 ; se retrouve avec Mélanie sur la montagne les 14, 15, 16, 17, 18 ; fait l'ascension avec elle le 19 ; à midi, va la rejoinde pour mener ses vaches à la fontaine, voit ou ne voit pas de dame blanche ; sur les trois heures, rejoint les bergers, joue avec eux, comme d'habitude, rentre à la chute du jour, chez son maître, échappe à une grondée en lui parlant de l'apparition de la dame blanche ; le lendemain dimanche va, avec Mélanie, raconter son apparition à son curé, homme simple, et quitte le pays dès le matin. (M. Rousselot, pages 46, 48, 83, etc.)

Maximin est causeur de sa nature ; en s'éloignant, il échappe aux questions. Il a le temps, *à l'aide de M. le curé,* de rappeler ses souvenirs, et pour que ce rappel porte ses fruits, le petit garçon, quoique âgé de onze ans, quoique son père réside à Corps, est, au mépris de la loi, installé, comme pensionnaire, dans l'école des sœurs de la Providence.

Il échappe à leur surveillance pour aller, dans les cabarets du bourg, boire, jouer et se battre ; il fait cela à chaque instant. — Tout se supporte, tout se cache ; il est de plus en plus cajolé.

Il ne conquiert la liberté qu'en se faisant enlever en 1850 ; il va à Ars, il déclare que la Salette est une invention ; il reste à Lyon, pendant un mois sous un faux nom, chez M. l'abbé Bez ; puis est fermé dans des séminaires ou communautés religieuses. — Sa liberté mettait en péril les *souvenirs rappelés par M. le curé.*

Voilà pour le premier acteur.

Mélanie est insouciante, boudeuse, au point de ne vouloir pas quelquefois répondre à ceux qui lui adressent la parole (M. Rousselot, pages 44 et 45). Grâces à ces qualités, elle peut rester plus facilement dans un pays qu'elle n'habite que la nuit, puisqu'elle passe tous les jours à la montagne ; dans un pays où les maisons sont éparses, où les habitants, fatigués par les travaux de l'arrière-saison, et, du reste, peu curieux, les premiers jours (puisque la grande nouvelle était encore fraîche et n'était guère crue d'eux, malgré leur simpli-cité), ne pressent pas par leurs questions importunes ; mais la prolongation de son séjour ne dure pas ; elle est bientôt abritée, elle aussi, par les sœurs de la Provi-dence. Elle a, avec Maximin, tout l'hiver de 1846 à 1847 pour apprendre sa leçon, et lorsque le printemps amène quelques visiteurs, plusieurs mois se sont écou-lés déjà depuis l'apparition. — Les souvenirs ont eu le temps d'être rappelés, et cependant, dès le commen-cement, c'est M. Rousselot qui le dit, *la facilité, la volubilité manquent* à Mélanie comme à Maximin ; mais tous les jours, une, plusieurs répétitions se font ; le récit se débite enfin comme *une leçon apprise.* De-puis 1846, Mélanie ne quitte les religieuses de Corps que pour entrer dans la maison-mère de ces mêmes religieuses. — *Les souvenirs rappelés par M. le curé* sont confiés à une garde sûre.

Mais, en 1850, les enfants subissaient une deuxième épreuve très inattendue.

L'inspecteur des écoles primaires faisait sa tournée habituelle ; il visitait les écoles de Corps. Chez les sœurs de la Providence, il avait inspecté les trois clas-ses de la maison, en compagnie de M. Melin, curé, et du maire ; il se retirait, lorsqu'il avise huit ou dix élèves plus grandes que les autres et qu'il n'avait vues dans aucune classe.

Fantaisie lui prend de les interroger ; il le fait, et n'éprouve pas une grande satisfaction de leurs répon-ses. L'une d'elles surtout est tellement ignorante, qu'elle n'a pas un mot, un seul mot à dire sur les ques-tions les plus élémentaires.

L'inspecteur apprenant que, depuis plus de trois ans, elle fréquente l'école, cède à un sentiment de délica-tesse et engage *les sœurs* à la rendre à ses parents, en les prévenant qu'ils font des sacrifices inutiles, et que leur fille n'a de valeur que pour une pioche ou une aiguille.

— Vous ignorez probablement que cette fille est Mélanie, lui dit aussitôt la supérieure.—Mélanie ou Françoise, qu'importe le nom ? répond l'inspecteur, qui ne pensait pas du tout à la Salette. — Mais c'est elle qui a eu le bonheur de voir la Sainte-Vierge sur la montagne.—La réplique ne se fait pas attendre ; confus, interdit, l'inspecteur répond instantanément : — Dans ce cas, la Sainte-Vierge s'est bien mal adressée.

Le nom de la Salette avait été prononcé. L'inspecteur apprend par un des instituteurs que Maximin fréquentait l'école des religieuses. Il s'en étonne et interroge. Sur la réponse affimative que Maximin fait partie de l'école et l'habite jour et nuit, il gourmande vertement la supérieure, qui, malgré la défense de la loi, admet un garçon de quinze ans interne dans un pensionnat de jeunes filles ; il va plus loin, il demande directement à MM. les maire et curé, qui ne disent mot, comment ils souffrent un abus semblable. Puis ne croyant pas Maximin dispensé de son inspection, il réclame qu'on le fasse venir.

Maximin n'était pas au logis ; trois jours auparavant, il avait reçu 15 fr. d'étrennes de la main d'un Anglais ; depuis ce moment il était au cabaret ou au coin des rues, il jouait et buvait, et cela devait durer tant qu'il aurait une obole à sa disposition.

De plus en plus surpris de ces détails, trop véridiques, puisqu'il les tenait de la supérieure, l'inspecteur fait quérir Maximin dans tout le bourg, et attend.

Le petit berger de la Salette paraît enfin, ses vêtements sont sales aussi bien que ses mains et sa figure ; il reçoit une réprimande et ne paraît pas s'en inquiéter. Interrogé par l'inspecteur sur les matières de l'instruction primaire, il ne répond pas, il répond peu, il répond mal. Lassé, dégoûté, l'inspecteur le questionne sur l'apparition de la Salette. Maximin part comme un trait, les paroles se pressent, c'est un écolier qui débite et qui est pressé de finir. Tout à coup il est interrompu. « La dame blanche, venait-il de dire, était dans le feu et le feu était dans la fontaine. » Répète, lui demande sérieusement l'inspecteur, et Maximin répète la même version. « Es-tu bien sûr de ce que tu avances, » réplique son interrogateur? « Oui, monsieur. » « C'est assez, tu n'as pas vu la sainte Vierge, et ton tort est de ne pas la respecter en parlant ainsi d'elle. »

L'inspecteur avait raison, tout ce qui tient à la religion, tout ce qui tient à la sainte Vierge, a droit à une vénération profonde, même de la part d'un enfant *miraculé*. L'inspecteur habite encore Grenoble, il est chrétien, il croit et il pratique. Depuis deux ans bientôt il est rentré dans la vie privée.

Ainsi, rien de net, rien de clair, rien qui soit capable de convaincre :

1° Dans les menaces de la Dame blanche, dans ses promesses qui ne sont suivies d'aucun effet, à plus forte raison, dans son langage franco-corpençais;

2° Dans la nature, dans l'intelligence, dans la conduite, dans le récit, dans les contradictions des enfants, malgré les précautions prises pour qu'ils ne s'appartinssent pas un seul instant à eux-mêmes.

De nouveaux incidents vont se dérouler, et chacun d'eux fera ressortir, plus fortement encore, le vide d'une entreprise commencée par le ridicule, continuée par des tours de force et déjà blessée à mort pour l'honneur de la religion.

CHAPITRE VI.

En 1410 naissait à Domrémy, près Vaucouleurs, la fille d'un modeste paysan. Bergère jusqu'à l'âge de 18 ans, Jeanne, touchée des malheurs de la France, que désolaient les factions intérieures, que conquéraient, place par place, les armes anglaises, est favorisée de visions surnaturelles qui lui imposent la mission de sauver sa patrie ; elle quitte son hameau, à travers mille périls qu'elle brave, se dirige vers la Touraine, parvient jusqu'à Chinon, ville dans laquelle le roi Charles VII tenait sa cour, et demande à être introduite auprès de lui.

Ses premières démarches restent sans succès, elle persiste et triomphe. Charles VII, confondu avec ses gens et entièrement déguisé par son costume et par la place qu'il occupe, la reçoit. Jeanne va droit à lui, l'entretient en particulier et réussit à le convaincre de sa mission divine ; cette conviction n'est pas telle, cependant, que le roi ne la soumette encore à de nouvelles épreuves. Il lui confie quelques soldats seulement, cela suffit à Jeanne, elle remonte leur moral, elle leur rend la confiance, en huit jours elle délivre la ville d'Orléans, qu'assiégeait une armée anglaise très nombreuse et qui était la dernière place importante tenant encore pour le roi de France.

Depuis ce jour, 8 mai 1429, chaque pas qu'elle fait détermine une victoire, l'arrogance des Anglais est abattue, leurs défaites se succèdent. Sous la conduite de Jeanne, Charles VII commence à tenir la campagne; l'héroïne prend toutes les places qui sont sur son passage, livre bataille au général Talbot, l'*Achille de l'Angleterre*, qui est vaincu et perd la liberté à Patay, et fait sacrer Charles VII à Reims, le 17 juillet 1429.

Deux mois et demi suffisent à Jeanne d'Arc pour accomplir tant de choses. Elle avait 18 ans, ses mains n'avaient manié que le fuseau et la houlette, tout à coup elle est plus brave que les plus braves capitaines, elle les étonne par sa résolution et son expérience, toutes ses prévisions se réalisent et au milieu des camps, elle est l'objet du respect et de l'admiration de tous.

Les jours mauvais se lèveront pour elle, elle connaîtra la prison, les tortures, le bûcher, car sa mission finissait à Reims, elle a cédé aux sollicitations du roi et n'a pas poursuivi sa résolution de se retirer. Dans les fers comme sur l'échafaud elle ne varie pas un instant dans son langage ; les menaces et les promesses, les récompenses et la mort la trouvent toujours la même. Voilà le cachet d'une mission divine, acceptée comme telle par tout le monde, et ce cachet est le seul auquel on puisse reconnaître l'intervention de Dieu.

Ce cachet se présente-t-il pour les enfants de la Salette?

Quatre ans s'étaient écoulés depuis que Maximin, confiné dans la maison *des sœurs de la Providence*, à Corps, était l'objet de leur surveillance la plus attentive, il ne sortait que pour faire ses fredaines dans le bourg, chose qu'on lui passait assez facilement et qui du reste était depuis longtemps acceptée par les habitants, intéressés à l'établissement du pèlerinage,—ou sous la conduite de M. Melin, curé de Corps, pour aller réveiller le zèle des maisons religieuses du diocèse,—ou enfin pour monter à la montagne de la Salette sous la protection de quelque pèlerin de confiance.

Trois de ces derniers se fixèrent pendant deux mois à Corps et sur la montagne. Ils eurent avec Maximin et sa famille de fréquents entretiens et tout à coup ils partent, emmenant avec eux le jeune berger et sa sœur, âgée de 20 ans.

Leur arrivée à Grenoble est connue, l'autorité ecclésiastique intervient ; par ses ordres, Maximin est placé dans la maison de Saint-Joseph en attendant qu'on vienne le chercher.

Cette solution ne plaisait pas aux pèlerins, ils recourent à la ruse ; l'un d'eux va solliciter du frère directeur, qu'il veuille bien lui confier Maximin pour souper avec lui avant de se séparer et s'engage à le ramener de suite.

Le frère, sans défiance, acquiesce à cette prière, Maximin sort avec son ami ; au lieu d'un souper, il trouve une voiture toute prête, il y monte, on part.

Grande fut l'anxiété des croyants pendant plusieurs jours, on ne savait où était allé le fugitif. Enfin, M. le chanoine Bez peut donner de ses nouvelles, il vient de le rencontrer à Lyon, il s'est empressé de l'accueillir, de le débaptiser, de le garder huit jours chez lui, puis de le placer sous un nom supposé dans une école de Lyon. C'est M. l'abbé Bez, qui nous apprend tout cela dans son opuscule : *M. Vianay, curé d'Ars, et Maximin Giraud, berger de la Salette*, publié en janvier 1851, et présentant un caractère officiel par l'approbation suivante, qu'il place soigneusement en tête.

Approbation de Mgr l'évêque de Grenoble.

« Monsieur le chanoine,

« JE VIENS DE LIRE VOTRE MANUSCRIT, J'EN SUIS TRÈS
« CONTENT et je le crois propre à dissiper les préven-
« tions, tant anciennes que nouvelles, relativement au
« fait de la Salette.

« † PHILIBERT, évêque de Grenoble.

« Grenoble, le 22 janvier 1851. »

Maximin reste un mois chez M. Bez, il ne lui parle ni de sa conversation avec M. le curé d'Ars, ni même de son voyage, car M. Bez n'en dit pas mot, et il faut que la Providence conduise à Ars M. Gerin, curé de la cathédrale de Grenoble, qui reçoit de la bouche même de son confrère d'Ars la confidence de la rétractation de Maximin.

Quelles circonstances avaient amené cette rétractation et en quels termes était-elle conçue?

Les pèlerins qui avaient soustrait Maximin à la Salette étaient partisans de Louis XVII, ils voulaient exploiter Maximin et son secret au profit de leur fétiche, ils avaient dans ce but organisé, à Lyon, des réunions auxquelles assistait le baron de Richemont. Maximin avait exécuté, de point en point, sa consigne, et les choses allaient assez bien pour le baron et pour ses partisans.

Mais comment constater son identité avec le fils de Louis XVI? Né en 1785, mort ou enlevé en 1795, il aurait aujourd'hui 67 ans. Quels témoins de son enlèvement pourraient, après un laps de temps aussi considérable, lui faire restituer son existence civile? Si cette pensée traversait quelque tête folle, elle serait accueillie par la risée universelle. Les partisans de Louis XVII le comprenaient fort bien ; pour réussir, il leur fallait l'intervention divine. Le curé d'Ars a une réputation de sainteté répandue dans la France entière ; Maximin se dit possesseur d'un secret que lui a livré la *Belle-Dame* de la montagne. Les croyants à Louis XVII espèrent, sous le patronage du curé d'Ars, pouvoir appliquer à leur roi le secret de Maximin et lui ménager une brillante auréole qui leur permette de dire : « *si Deus pro nobis, quis contra nos?* si nous avons Dieu pour nous, qui oserait être contre? » De là, leur voyage d'Ars en compagnie de Maximin et de sa sœur.

Les cinq voyageurs arrivent entre 7 et 8 heures du soir. Impossible de voir M. le curé qui, chaque jour, est à l'église depuis une ou deux heures du matin et ne reçoit jamais personne, le soir, après sa sortie. Ils se rendent chez M. Reymond, ami du curé, et qui a quitté une paroisse, desservie par lui pendant près de quinze ans, pour résider auprès de son ami et le décharger, comme vicaire, de tout le fardeau en quelque sorte matériel de la paroisse.

M. Reymond a été croyant à la Salette, il a fait dans le temps un pèlerinage à la montagne pour corroborer sa foi. Il arrive à Corps un samedi ; l'auberge dans laquelle il descend, contient déjà de nombreux voyageurs, tous font gras, il obtient avec peine de se faire servir un modeste souper en maigre. Le lendemain, il va à la Salette. M. le curé Perrin prêche sur plusieurs guérisons miraculeuses, une entre autres qui concerne une personne de Gap. Mais l'évêque de cette ville est un ancien chanoine et vicaire général de Belley, diocèse qu'habite M. Reymond ; celui-ci profite de sa course pour aller voir son ancien supérieur ecclésiastique ; là, il acquiert la preuve que le miracle tant vanté par M. Perrin est un miracle imaginé à plaisir. Il était allé à la Salette avec la foi, il en était revenu avec le doute. C'était de sa part acte de religion et de raison.

On a dit tant de mal de M. Reymond, qu'il avait droit à cette courte digression.

Les cinq voyageurs sont en sa présence, ils lui parlent de Maximin et de la Salette, l'entretien se prolonge, et M. Reymond leur raconte un fait tout récent et vraiment providentiel.

Huit jours auparavant, une femme d'une cinquantaine d'années était allée à Ars ; à l'âge de neuf ans, profondément touchée d'un discours sur la première communion qu'elle venait d'entendre, elle avait formé le projet de se retirer dans la solitude pour se préparer à ce grand acte auquel l'appelerait bientôt son âge. Ce projet est mis à exécution ; deux de ses compagnes s'associent à son sort. Mais dans la solitude comme ailleurs, il faut vivre, et ses parents ne sauraient approuver une résolution semblable, et lui porter la nourriture de chaque jour. Les trois petites filles inventent une apparition et déclarent avoir vu la sainte Vierge, avoir reçu sa haute approbation pour leur retraite. Les parents, bons chrétiens, s'inclinent devant cette déclaration et chaque jour portent la nourriture à leurs enfants. Bientôt le bruit de l'apparition se répand, les pèlerins se pressent, la police s'émeut, la gendarmerie intervient et les enfants sont emmenés.

Leur départ n'éclaire pas la raison des personnes simples, elles continuent à visiter le lieu de l'apparition, et c'est 40 ans après que l'héroïne, dont la conduite avait toujours été très régulière et très chrétienne, était venue à Ars et avait dévoilé son invention tant au curé qu'au vicaire. Et cet aveu remontait à huit jours.

M. Reymond dut appeler sur ce fait l'attention de Maximin, et une justice à rendre à ses compagnons de voyage, c'est que tous se réunirent dans une même pensée pour dire à Maximin : « Si tu avais fait comme cette petite, tu mériterais tous les feux de l'enfer. »

Le lendemain, Maximin voit M. le curé. Ce saint prêtre était encore sous l'impression de l'aveu qu'il avait reçu huit jours auparavant, et sur la demande que lui fit Maximin pour se confesser, il répondit sur-le-champ : « Je tiens auparavant à savoir en détail ce qui s'est passé à la Salette. »

Maximin, à ce langage de M. le curé d'Ars, se trouble; il croit, comme la masse des pèlerins d'Ars, que M. Vianay sait lire au fond des consciences, et, d'une voix émue, il avoue QU'IL N'A RIEN VU, ABSOLUMENT RIEN SUR LA MONTAGNE DE LA SALETTE ; QUE CETTE APPARITION EST UNE INVENTION ; QU'IL A MENTI EN FAISANT LE RÉCIT QU'ON CONNAIT ; QUE, DEPUIS QUATRE ANS, IL A TOUJOURS PERSÉVÉRÉ DANS CE MENSONGE ; QU'IL NE SAIT PAS SI C'EST DIEU OU LE DIABLE QUI L'Y ONT PORTÉ ; QU'IL VEUT SE CONFESSER, PUIS S'EN ALLER BIEN LOIN POUR NE PLUS REVOIR LES PERSONNES *qu'il a trompées ; mais,* ajoute-t-il, IL FAUDRA LAISSER CROIRE A LA SALETTE, PARCE QUE ÇA FAIT DU BIEN.

M. le curé d'Ars se fait répéter tous ces aveux, et quand il ne peut plus même conserver de doute, il engage Maximin à retourner à Grenoble, à tout raconter à son aumônier (il était depuis quatre ans au couvent de Corps). L'enfant s'y refuse ; IL VEUT, dit-il, DÉCHARGER SA CONSCIENCE, PUIS SE RETIRER DANS UNE COMMUNAUTÉ ; LA, SI ON L'INTERROGE SUR LA SALETTE, IL RÉPONDRA : JE N'AI PLUS RIEN A DIRE.

En présence de semblables dispositions, M. Vianay se refuse à confesser Maximin ; il veut du moins avoir le temps de consulter son évêque. — L'enfant y consent d'abord, donne son adresse pour que M. le curé puisse lui écrire, puis s'oppose à toute communication à faire à Mgr de Belley.

Cet entretien dure près de demi-heure.

Maximin revoit M. le curé d'Ars une deuxième, une troisième fois ; même langage de sa part, meme instance de la part de M. Vianay.

Les partisans de Louis XVII voulaient exploiter le secret de Maximin. Le secret tombe avec la fable entière ; le berger leur est à charge, ils le ramènent à Lyon, et c'est alors que M. Bez le recueille et le garde chez lui.

Un mois s'était écoulé, et M. Vianay n'avait parlé à personne, pas même à son ami M. Reymond, de cette triste rétractation. M. Reymond avait remarqué, remarquait chaque jour la préoccupation de son curé depuis le moment où Maximin était allé à Ars ; il respectait un silence qui n'était pas ordinaire, il se taisait.

Bientôt apparut à Ars un bon curé du voisinage ; il venait prier M. Vianay de bénir des médailles et des images de la Salette. Le curé d'Ars, qui avait maintes et maintes fois procédé à des bénédictions semblables, s'y refuse, sans en donner le motif. Ce refus confirme les pressentiments de M. Reymond.

Quelques jours après, la Providence conduit auprès de M. Vianay son ami M. Gerin, curé de la cathédrale de Grenoble ; il devient le confident de tous les entretiens du curé d'Ars avec Maximin, il reçoit la mission de conscience de la communiquer à son évêque.

Quelle impression cette confidence produit-elle sur l'esprit de M. Gerin ?

M. l'abbé Bez (page 41 de son Opuscule, approuvé par Mgr l'évêque de Grenoble) : *M. Vianay, curé d'Ars, et Maximin Giraud,* a soin de nous l'apprendre :

La fixité et la quiétude de Mélanie ont suffi pour rendre, COMME PAR ENCHANTEMENT, *la première foi à M. le curé Gerin, que M. le curé d'Ars avait bouleversé.*

Ces expressions ne sont pas équivoques. La confidence de M. le curé d'Ars avait bouleversé M. Gerin, lui avait enlevé sa première foi. M. Gerin, à son tour, avait bouleversé M. le chanoine Chambon, qui, du reste, en fait l'aveu dans plusieurs articles de sa polémique et notamment dans sa lettre du 8 octobre 1851. Puis, il avait accompli sa mission auprès de son évêque. —Les intentions de M. Vianay étaient remplies, sa conscience était satisfaite.

Mgr de Grenoble s'émeut ; il mande M. Mélin, curé de Corps, il l'adjoint à M. Rousselot pour qu'ils se rendent de compagnie à Ars. M. Rousselot est professeur de théologie ; les cours de sa classe sont en pleine activité, il les suspend, et le 6 novembre il se met en route ; il y avait péril en la demeure.

Mais auparavant, et à la première nouvelle qu'il reçut du démenti de Maximin, il l'avait fait venir chez lui , s'était enfermé avec lui seul , le lendemain était allé le joindre au Petit-Séminaire, avait conféré seul avec lui (car M. Rousselot, dans ses actes, n'aime pas les témoins); et avait obtenu de lui une déclaration consignée dans l'Opuscule de M. Bez, pages 27 et 28.

On y lit entre autres les articles suivants :

« Je soussigné, Maximin Giraud, pour rendre hom-
« mage à la vérité et pour la plus grande gloire de
« Dieu, en l'honneur de la Sainte-Vierge, atteste les
« faits suivants :
« 1° Que je ne me suis pas confessé à M. le curé
« d'Ars ;
« 2° Que ni à la sacristie, ni derrière l'autel de l'é-
« glise d'Ars, M. le curé ne m'a questionné ni sur
« l'apparition, ni sur mon secret ; qu'il ne m'a dit que
« deux choses, que je devais retourner dans mon dio-
« cèse et qu'APRÈS UNE PAREILLE FAVEUR , je devais
« être bien sage, etc.
« Petit-Séminaire de Grenoble, le 2 novembre 1850.

« Maximin GIRAUD. »

Cette attestation , combinée entre Maximin et M. Rousselot, qui seul a eu à ce sujet des rapports avec l'enfant, ne se borne pas à nier la rétractation, elle contient contre M. le curé d'Ars une accusation de mauvaise foi ; d'après elle , M. Vianay dit à Maximin qu'il doit être bien sage *après la faveur qu'il a re-çue*, et, d'après M. Gerin , M. Vianay croit si peu à cette faveur, qu'il a perdu la foi à la Salette, et qu'il l'a bouleversé lui-même au point de lui enlever sa propre foi.

Cette accusation, dont M. Rousselot est porteur, du-rera-t-elle ?

Partis le 6 novembre, MM. Rousselot et Mélin sont à Ars le 8 ; ils confèrent avec M. le curé, se gardent bien de voir M. Reymond, dont le domicile est à quelques pas seulement de l'église d'Ars, rentrent à Grenoble, concertent avec Maximin une lettre pour M. le curé d'Ars, et, à la date du 21 novembre, le berger-séminariste écrit à M. Vianay (Opuscule de M. Bez, pages 29, 30 et 31) :

« Monsieur le Curé,

« Vous venez de dire à M. le chanoine Rousselot et
« à M. le curé de Corps que je vous ai avoué n'avoir
« rien vu et avoir menti en faisant mon récit connu,
« et avoir persisté trois ans dans mon mensonge en
« en voyant les bons effets.

« Vous avez ajouté, Monsieur le curé, que m'ayant
« demandé l'autorisation de faire part de cet aveu à
« Mgr de Belley, et mon adresse pour pouvoir m'écrire
« s'il y avait lieu, je vous ai donné cette autorisation
« et cette adresse, et puis qu'un instant après j'ai
« retiré l'une et l'autre.

« Ce rapport, qui m'est *dicté* par M. Rousselot,
« prouve que je n'ai su me faire comprendre de vous,
« Monsieur le curé ; et, permettez-moi de vous le dire
« en toute sincérité, qu'il y a un malentendu complet
« de votre part.

« Je ne vous ai point voulu dire, Monsieur le curé,
« et jamais je n'ai dit sérieusement à personne, *n'avoir*
« *rien vu*, et avoir menti en faisant mon récit connu,
« et avoir persisté trois ans dans ce mensonge en en
« voyant les bons effets.

« Je vous ai dit seulement, Monsieur le curé, en
« sortant de la sacristie et sur la porte, que j'ai vu
« quelque chose, et que je ne savais pas si c'était la

« Sainte-Vierge, ou une dame. Dans ce moment vous
« avanciez dans la foule, et notre entretien a cessé. Peu
« après, on m'a renvoyé près de vous, derrière l'au-
« tel, où vous confessiez un homme, pour vous de-
« mander de nouveau si je devais retourner dans mon
« diocèse ou rester à Lyon. Vous m'avez répété que je
« devais retourner dans mon diocèse, et vous avez ajou-
« té quelques paroles que je n'ai pu comprendre. Mais
« je ne vous ai aucunement entendu me parler de Mgr
« de Belley, ni me demander mon adresse, et je suis
« certain de ne vous avoir pas donné cette adresse, ni
« prié d'écrire à Belley.

« Je fais et écris cette déclaration en mon âme et
« conscience, et je m'abonne à être chassé du Petit-
« Séminaire où je me trouve très-heureux, et même
« à tout souffrir, si cette déclaration est en quoi que
« ce soit contraire à la vérité.

« Grenoble, 21 novembre 1850.

« Maximin GIRAUD. »

Quelle différence entre le certificat du 2 novembre
et la lette du 21 !

D'après le certificat, M. le curé d'Ars ne questionne Maximin ni sur l'apparition, ni sur son secret.

D'après la lettre les détails abondent sur l'apparition et par conséquent sur le secret.

D'après le certificat, M. le curé n'a questionné Maximin ni à la sacristie, ni derrière l'autel.

D'après la lettre, l'entretien a lieu non pas à la sacristie, non pas derrière l'autel, mais en sortant de
la sacristie et sur la porte.

D'après le certificat, Maximin a entendu distincte-
ment ces mots : *Après une pareille faveur, vous devez
être bien sage.*

D'après la lettre, il n'a entendu que l'invitation à lui faite par M. le curé de retourner dans son diocèse ; *il n'a pu comprendre ses autres paroles.*

D'après la lettre encore, Maximin reconnaît avoir dit à M. le curé d'Ars qu'il avait vu *quelque chose*, sans savoir si ce *quelque chose était la Sainte-Vierge* ou *une autre dame.*

Maximin a écrit ou au moins signé l'attestation du 2 novembre et la lettre du 21. Ces deux pièces indiquent que leur auteur comprend très bien la valeur et la convenance des termes qu'il emploie, et dans l'ignorance, dans le doute si ce qu'il dit avoir vu sur la montagne est la Ste-Vierge, il lui consacre cette expression : QUELQUE CHOSE. Pour un enfant privilégié ou miraculé, l'expression n'est pas heureuse, et M. l'inspecteur des écoles primaires avait raison de dire que la Vierge de la Salette s'était bien mal adressée.

Maximin, qui ne se gêne pas avec la Sainte-Vierge, en prend encore plus à l'aise avec M. le curé d'Ars. Il lui signifie *en toute sécurité qu'il y a eu un malentendu complet de sa part.*

Enfin le 2 novembre, Maximin donne son certificat *pour rendre hommage à la vérité, pour la plus grande gloire de Dieu* et en *l'honneur de la Sainte-Vierge.*

Le 21, il écrit *en son âme et conscience*, mais il montre le bout de l'oreille : il s'*abonne à être chassé du Petit-Séminaire, où il se trouve très heureux, si sa lettre est, en quoi que ce soit, contraire à la vérité.*

Cette lettre conforme à la vérité est contraire à la déclaration du 2 novembre, qui elle-même est écrite pour rendre hommage à la vérité.

Quelle sera pour Maximin, la vérité vraie ? Celle probablement qui le dispensera d'être chassé du Petit-Séminaire, où il se trouve très heureux : et pour faire triompher cette espèce de vérité, MM. les chanoines Bez, Chambon, Rousselot écriront des volumes, ils défendront le terme sacramentel *mal entendu*, imaginé par leur petit Benjamin.

Quoi qu'il en soit, Maximin, le 2 novembre, a démenti sa rétractation d'Ars. Le 21 novembre, il dément son démenti du 2 novembre, et voilà que M. Rousselot se met sur les rangs pour démentir, en partie au moins, le dernier démenti de Maximin.

Le 21 novembre, Maximin écrivait sous la dictée de M. Rousselot, (ce sont les termes de sa lettre), et il écrivait cette phrase :

« Je vous ai dit seulement, Monsieur le curé, que
« j'ai vu quelque chose et que je ne savais pas si c'était
« la Sainte-Vierge ou une autre Dame. »

Il parle donc de la Sainte-Vierge, non pas pour nier qu'elle eût été l'objet de l'apparition, mais pour exprimer son ignorance ou son doute sur ce point.

Le 7 décembre (et c'est encore à l'obligeance de M. Bez, pages 21 et 22, que nous devons la connaissance de cette pièce), M. Rousselot veut faciliter à M. Bez le travail qu'il prépare, il lui écrit :

« Monsieur le chanoine,

« Consolez-vous, Maximin n'a dit à M. le curé
« d'Ars que ce qu'il dit et répète depuis quatre ans,
« que ce que dit et répète Mélanie, que ce que vous
« et moi avons écrit d'après nos longs et minutieux
« interrogatoires, savoir : qu'il a vu *quelque chose*,
« c'est-à-dire *une belle Dame qui lui a parlé et qui*
« *a ensuite disparu.* Par ces mots: *quelque chose*, il
« entend tout ce que contient votre récit, tout ce que

« contient le mien ; mais quand on lui demande *s'il*
« *a vu la Sainte-Vierge,* il répond que non. »

Le langage entortillé de M. Rousselot paraît indiquer, d'abord, que Maximin s'est borné à dire à M. le curé d'Ars qu'il a vu quelque chose ; puis, l'auteur de la lettre commente à sa manière le quelque chose ; il a besoin de se donner un certificat de véracité, il le fait en ces termes : Maximin par ces mots, *quelque chose,* entend tout ce que contiennent mes récits et mes écrits, et si on lui adresse cette question : avez-vous vu la Sainte-Vierge, il répond NON. Il donne à entendre que cette réponse a été celle de Maximin à M. le curé d'Ars.

Mais le 2 novembre, Maximin a déclaré que M. le curé d'Ars ne lui avait rien demandé ; le 21 novembre, il a déclaré que sa réponse à cet ecclésiastique avait été celle-ci : Je ne sais pas si c'est la Sainte-Vierge que j'ai vue ou une autre Dame. — Le 7 décembre, M. Rousselot lui fait dire nettement, non, ce n'est pas la Sainte-Vierge.

C'est sous les yeux de M. Rousselot, c'est sous sa dictée qu'ont été écrites les deux pièces de Maximin ; c'est lui qui a porté la première, qui a envoyé la seconde, c'est lui qui écrit la lettre du 7 décembre. Est-ce Maximin qui a toujours tort contre M. le curé d'Ars, puisqu'il le dément toujours ; qui a tort contre lui dans l'une des deux pièces du 2 et du 21 novembre, puisque l'une dément l'autre, qui aura raison contre M. Rousselot, son contradicteur ; ou bien est-ce M. Rousselot, brochant sur le tout, qui aura raison tout à la fois contre M. le curé d'Ars et contre Maximin ?

Poursuivons la lettre de M. Rousselot, on a tant à gagner avec lui !

« Et pourquoi ? parce qu'il (Maximin) n'a su et com-
« pris que c'était la Sainte-Vierge qu'après avoir en-
« tendu dire à tout le monde que cette belle Dame
« n'était et ne pouvait être que la mère de Dieu ;
« qu'après avoir vu le concours des innombrables pè-
« lerins qui venaient vénérer la *mère de Dieu* sur la
« montagne, qu'après avoir entendu parler des nom-
« breux miracles qui s'opéraient par l'eau de la Salette
« et par les prières en l'honneur de Notre-Dame de
« la Salette. »

Mais au mois de septembre 1850, lorsque Maximin est à Ars, il a une parfaite connaissance de toutes les choses que décrit M. Rousselot, il a entendu parler tout le monde, il a vu le concours des innombrables pèlerins, il a entendu parler des nombreux miracles, il sait donc déjà que son *quelque chose* est la Sainte-Vierge : comment, suivant lui, répond-il à M. Vianay qu'il ne le sait pas ? Comment, suivant M. Rousselot, répond-il NON, ce quelque chose n'est pas la Sainte-Vierge ?

Il nous reste un paragraphe de la lettre de M. Rousselot et ce paragraphe n'est pas le moins étrange, aussi le commenté-je phrase par phrase.

« M. le curé d'Ars n'a fait que cette question à
« Maximin. »

Aujourd'hui encore, après dix-huit mois, M. le curé d'Ars oppose à cette assertion sa parole QUI N'A JAMAIS VARIÉ.

« Et, d'après la réponse de celui-ci, il en a conclu
« DE SUITE que l'enfant mentait depuis quatre ans, que
« le fait était faux. »

Un laïque qui se permettrait une semblable accusation contre un prêtre auquel la voix publique décerne l'auréole d'un saint, dont chaque année 40, 50,000 personnes vont solliciter les conseils, tant sa direction comme confesseur est privilégiée de Dieu! ce laïque serait honni , et c'est un vicaire général, un professeur de théologie morale, vieilli dans l'enseignement, qui a le triste courage de la fulminer, de la faire imprimer! Elle restera, et un jour elle sera pour son imprudent auteur un poignant remords.

« Il s'est empressé d'en donner avis à Mgr l'évêque
« de Grenoble. »

Je prends acte de l'aveu, j'en prends acte contre M. Rousselot. Plus tard, nous le verrons adresser, répéter à satiété contre M. Vianay le reproche de ne pas avoir averti Mgr de Grenoble.

« Cette conduite du vénérable pasteur me paraît un
« peu légère. »

Tout-à-l'heure M. Rousselot accusait, maintenant il juge ; c'est de mieux en mieux.

« D'ailleurs, il a cru au fait sans l'avoir étudié ; il
« a cessé d'y croire sur un fondement tout à fait
« ruineux. »

Et la plume de M. Rousselot ne s'est pas brisée au moment où elle traçait ces lignes coupables ! et il n'a pas compris qu'on était en droit de lui dire à lui-même qu'il a cru au fait de la Salette parce qu'il avait intérêt à y croire, et qu'il persiste quoiqu'il connaisse mieux que personne les fondements tout à fait ruineux sur lesquels il repose ! Cette preuve viendra à son tour, et M. Rousselot ne la démentira pas.

Au moment où partait de Grenoble la lettre de M. Rousselot pour M. Bez , cette lettre accusatrice contre un saint prêtre, une lettre de M. le curé d'Ars arrivait à l'Evêché de Grenoble. Dans son style simple, elle est un modèle de convenance, de fermeté, et, après l'avoir lue, on s'étonne que la Salette n'ait pas été rayée du catalogue des lieux privilégiés par une apparition céleste.

Voici la lettre de M. Vianay :

« Ars, 5 décembre 1850.

« Monseigneur,

« J'avais une grande confiance en Notre-Dame de la
« Salette ; j'ai béni et distribué une grande quantité
« de médailles et d'images représentant ce fait ; j'ai
« distribué de la pierre sur laquelle la Sainte-Vierge
« se serait arrêtée, j'en portais continuellement sur
« moi et j'en ai même fait mettre dans un reliquaire.
« J'ai parlé très souvent de ce fait à l'église. Je crois,
« Monseigneur, qu'il y a peu de prêtres dans votre dio-
« cèse qui aient fait autant que moi pour la Salette.

« Il n'est pas nécessaire de répéter à Votre Gran-
« deur ce que j'ai déjà dit à ces messieurs (1). Le pe-
« tit m'ayant dit qu'il n'avait pas vu la Sainte-Vierge,
« j'ai été fatigué un couple de jours.

« Après tout, Monseigneur, la plaie n'est pas si
« grande, et si c'est l'ouvrage de Dieu, l'homme ne
« le détruira pas.

« Je suis très heureux, Monseigneur, d'avoir l'oc-
« casion de présenter à Votre Grandeur mes très hum-
« bles respects, de me recommander à ses prières, et
« de la prier de me donner sa sainte bénédiction.

« JEAN-MARIE VIANAY, *curé d'Ars.* »

---

(1) M. Rousselot, vicaire-général et professeur de morale au séminaire de Grenoble, et M. Mélin, curé de Corps.

Le langage de M. Vianay est très net, sa profession de foi est catégorique.

Il AVAIT une grande confiance en N.-D. de la Salette, donc il ne l'a plus

Il énumère avec complaisance tous les détails de son zèle pour la Salette ; il n'hésite pas à se mettre au niveau, pour ne pas dire au-dessus des prêtres du diocèse de Grenoble qui ont fait le plus pour elle ; il croit très inutile de répéter ce qu'il a dit à MM. Gerin, Rousselot, Melin, mais il le maintient et indique que sa fatigue n'est pas allée au-delà d'un couple de jours.

Pourquoi? M. Vianay possède la vertu véritable, il croit que Dieu sait mieux que lui ce qui convient à son église ; au lieu de se roidir contre la vérité connue, il immole ses goûts personnels à la volonté de Dieu.— Voilà tout le secret de sa lettre.

Prêtre vertueux, il connaît les convenances : Mgr de Grenoble s'est avancé, beaucoup avancé pour le fait de la Salette, il ne veut pas contrarier trop fortement un vieillard et il termine par cette fiche de consolation : — Après tout la plaie n'est pas si grande, etc.

En lisant cette lettre, M. Rousselot a dû éprouver un sentiment pénible. Quelle distance le sépare de M. Vianay! Le curé d'Ars pouvait juger, et tout le monde, évêques, prêtres, fidèles, aurait accepté son jugement ; il se garde bien de le faire. M. Rousselot n'a aucun droit pour se donner cette licence, et il accuse, il juge, il blâme, il condamne, il donne à tout cela la plus grande publicité. Est-ce à ces traits qu'on reconnaît la douceur, les convenances, la vérité ?

Maximin fait le docteur et le prophète, il montre le bout de l'oreille. — M. le chanoine Auvergne.

Au premier avis de la rétractation d'Ars, M. Rousselot avait fait venir Maximin et s'était enfermé avec lui. — Le lendemain il était allé le trouver au Petit-Séminaire, et au grand étonnement des professeurs, l'avait longtemps entretenu seul, tant il redoutait l'importunité d'un seul témoin! Tout le monde a le droit de croire et croit en effet que ces colloques secrets avaient pour but d'obtenir la déclaration de Maximin; mais voici que M. Bez (page 24) nous donne le change en portant à la connaissance du public une lettre de M. le chanoine Auvergne à M. Rousselot. Cette lettre est à la date du 6 novembre, jour où M. Rousselot part pour Ars; cette lettre est écrite par un prêtre qui voit M. Rousselot tous les jours et plusieurs fois par jour, par un prêtre qui quitte M. Rousselot au moment où il monte en voiture ; cette lettre paraît écrite uniquement pour le besoin de la cause; mais elle est si curieuse, le langage qu'elle prête à Maximin est si insolent, si niais, que sa reproduction est un devoir pour moi.

Si Maximin est l'auteur du langage que M. Auvergne met dans sa bouche, il ne peut être l'auteur ni des déclarations des 2 et 6 novembre, ni de la lettre du 21, à moins qu'on ne lui accorde, comme à la belle Dame de l'apparition, le privilége de parler tantôt un français correct, tantôt un français barbare, et, comme Protée, de pouvoir se produire sous toutes les formes.

Voici, du reste, cette singulière pièce et la nouvelle déclaration qui y est énoncée :

« Grenoble, 6 novembre 1850.

« Monsieur et honorable ami,

« Je vous envoie ci-joint la déclaration de Maxi-
« min (1) au sujet de ce qu'on (2) lui a fait dire tout
« récemment. Je lui ai expliqué le motif et la portée
« de l'autorisation (3) qu'il a écrite. Il voulait y ajou-
« ter quelques paroles à l'adresse de M. le curé d'Ars.
« Que veux-tu écrire ? lui ai-je dit : Laissez-moi faire,
« a-t-il répondu. Je vais mettre : *Réfléchissez bien*
« *à ce que vous allez dire : pour tout dire ce que*
« *vous avez entendu, et non pas ce que vous n'avez*
« *pas entendu* (4).
« *Tenez*, m'a-t-il dit encore, *je crois que la chose*
« *se sera passée ainsi. Les Messieurs qui m'accom-*
« *pagnaient* (5) *lui ont dit comment je me compor-*
« *tais et comment mon oncle se conduisait ; un peu*
« *prévention* (6), *un peu qu'il ne m'a pas bien en-*
« *tendu* (7), *le premier mot que je lui ai dit, il a*

---

(1) Cette déclaration du 6 novembre est inutile ou insensée
après celle du 2.
(2) M. le curé d'Ars ne valait-il pas la peine d'être nommé
par un confrère ?
(3) La déclaration de Maximin porte qu'il ne s'est pas confessé ; le mot autorisation est une insulte au sens commun.
(4) Sous la plume d'un chanoine, Petit-Jean remontre sot-
tement son curé.
(5) Maximin était seul avec M. le curé d'Ars.
(6) Le *mot* est aussi *joli* que respectueux.
(7) Maximin ment. Sa déclaration du 2 novembre, sa lettre
du 21 le prouvent.

« cru que c'était ça (1) (le démenti). *D'abord, il*
« *m'a paru préoccupé avant de m'écouter, et puis,*
« *il m'a fait répéter deux ou trois fois les mêmes*
« *mots, en me disant :* Quoi? — Eh ! — Je n'ai pas
« entendu, — *pendant que je le consultais sur ma*
« *vocation* (2). *Moi-même j'avais de la peine à le*
« *comprendre. Ah! je voudrais bien y être* (à Ars),
« a-t-il ajouté en riant, *je lui dirais : Voyons que*
« *vous ai-je dit? je vous permets bien volontiers de*
« *le répéter.*

« *— Eh bien ! ça me fait bien plaisir ; c'est bon*
« *signe ; tout ce qui arrive sans peine n'est pas*
« *l'œuvre de Dieu. Son Eglise a bien été persé-*
« *cutée ; à plus forte raison la Salette, qui est*
« *bien peu de chose en comparaison de l'Eglise* (3).
« *— Si M. le curé d'Ars continue à dire des cho-*
« *ses que je n'ai pas dites, qu'arrivera-t-il? Mon-*
« *seigneur me renverra de son séminaire, et je*
« *retournerai tranquillement garder mes trou-*
« *peaux* (4), *ça m'est égal. Mais jamais on ne*
« *me fera dire que je n'ai pas vu ce que j'ai vu,*

---

(1) Quoi! ça. Quel est ici le plus enfant des deux ? Maximin
ou M. Auvergne.

(2) La vocation de Maximin!

(3) Maximin a été niais jusqu'à l'insolence; il se fait docteur de l'Eglise et le certificat lui en est délivré par M. le chanoine Auvergne.

(4) Maximin met le doigt sur la plaie : il a peur, il se recommande à M. Rousselot, qui mourra insolvable si ses livres
sur la Salette ne se vendent pas. On aurait dû le laisser ainsi
que Mélanie à la queue de leurs vaches; c'est le sentiment du
Pape exprimé par Mgr Dupanloup, à son retour de Rome.
On a fait la faute de les acheter par des bienfaits, Maximin le
sent et le fait sentir.

« que je n'ai pas entendu ce que j'ai entendu. Quand
« même tout le monde dirait le contraire, moi je
« dirais ce que j'ai toujours dit jusqu'à la dernière
« goutte de mon sang, jusqu'à la mort.

« Les Saints prouvent bien qu'ils sont hommes ;
« et ils se trompent comme les autres (1).

« Si j'avais eu à me dédire, est-ce que je ne l'au-
« rais pas fait à ma première communion? Quand
« M. Mélin m'a demandé : Est-ce vrai? Je lui ai
« répondu : Oui, c'est bien vrai. Est-ce que je
« n'avais pas plus de confiance en M. Mélin, que
« je connaissais bien et qui était bon pour moi,
« qu'en M. le curé d'Ars, que je ne connaissais
« pas (2)?

« Telles sont les réponses que l'enfant m'a faites au-
« jourd'hui. Vous les trouverez peut-être étranges et
« étonnantes dans la bouche d'un enfant (3). J'affirme
« que je n'y change rien (4) ; je les écris comme elles
« me viennent à l'esprit (5).

« M'entendant dire à quelqu'un que Monseigneur
« était fort souffrant, il m'a dit à part : Dites-moi!
« c'est peut-être ça qui fatigue Monseigneur. Dites

---

(1) Tout-à-l'heure Maximin faisait le docteur, en ce moment il fait l'apôtre, il juge : M. Rousselot ne ferait pas mieux.

(2) C'est précisément parce qu'il ne le connaissait pas que
Maximin allaît à M. le curé d'Ars. On rougit devant les personnes que l'on connaît; on éprouve de la honte en certaines occasions; on est aguerri devant un étranger qu'on voit pour la
première et pour la dernière fois. Le *berger docteur* le sait fort
bien.

(3) Non-seulement étranges et étonnantes, mais niaises et
insolentes au dernier point.

(4) L'affirmation est hardie.

(5) A l'esprit!!!... M. Auvergne!

« *lui bien de se rassurer ; quand on croit tout per-*
« *du, c'est alors que tout sera relevé* (1).

« Votre très humble et très obéissant serviteur,

« AUVERGNE,

« *Chanoine honoraire, secrétaire.*

Tous les chanoines secrétaires des évêchés de France ont dû envoyer une couronne d'or à M. Auvergne, leur collègue. Jamais *chœf-d'œuvre semblable* n'avait été produit encore.

Voici la déclaration jointe à sa lettre :

« Au surplus, si j'ai fait à M. le curé d'Ars quelques
« révélations en confidence, qui l'empêchent de croire
« à l'apparition de la Salette ou qui concernent cet évé-
« nement, je l'autorise bien volontiers à en donner
« connaissance à MM. Rousselot et Mélin.
« Au petit séminaire de Grenoble, le 6 novembre
« 1850.

« Maximin GIRAUD. »

Qu'on compare les deux styles, cette comparaison suffit pour faire juger le rôle de Maximin.

OPINION DES QUATRE ÉVÊQUES RÉUNIS A BELLEY.
JANVIER 1851.

La Providence voulait que la vérité sur la Salette se fît jour de toutes les manières : elle permet que

---

(17) Cette prophétie a donné du cœur à M. Rousselot, il a tout relevé, et Monseigneur a dû se rassurer aussi après la parole si positive de l'*enfant miraculé*.

Mgr l'évêque de Belley, duquel relève le curé d'Ars, soit consulté par l'évêché de Grenoble sur la rétractation de Maximin, au moment même où le sacre de son coadjuteur, Mgr Chalandon, réunit auprès de lui les évêques de Valence et de Viviers.

Il profite de cette circonstance pour soumettre à tous ses collègues les pièces qu'il avait reçues de Grenoble, de Lyon, d'Ars ; il les prie de procéder à leur examen avec toute l'attention que réclame l'importance d'un incident se rattachant à un fait surnaturel. Il les constitue en tribunal officiel, et leur délègue tous ses pouvoirs pour informer canoniquement et interroger, sous la foi du serment, tel témoin qu'ils jugeront convenable d'entendre.

Les trois évêques se conforment aux vœux de leur collègue, ils lisent un volumineux dossier, ils y trouvent les traces incontestables du démenti de Maximin à Ars et ne doutent pas un seul instant de la véracité du saint curé de cette paroisse.

M. Vianay est malade, sa présence est réclamée chaque jour par de nombreux pèlerins, il ne peut pas se rendre à Belley pour conférer avec les évêques, mais son vicaire et ami, M. Reymond, n'a pas les mêmes raisons à alléguer, il se munit d'une déclaration très-explicite de son curé ; il se rend à l'appel des évêques, entre dans tous les détails du voyage de Maximin à Ars, les corrobore par la déclaration écrite de son curé, et laisse les évêques plus convaincus que jamais du démenti, de la rétractation de Maximin.

Ils font connaître leur avis à Mgr de Belley, qui se charge d'en informer son collègue.

L'un et l'autre sont les vétérans de l'épiscopat français, Mgr de Belley sait allier la plus grande délicatesse à l'exactitude des principes, mais il ne sacrifie pas cette exactitude, et sa lettre est un modèle de convenance sous tous les rapports. Pourquoi ses conseils, si sages, si éclairés, n'ont-ils pas été suivis ?

Voici, du reste, la lettre de Mgr de Belley :

« Belley, 15 janvier 1851.

« Monseigneur,

« Avant de répondre à la lettre que vous m'avez fait
« l'honneur de m'adresser, j'ai voulu prendre des
« renseignements sur ce qui s'est passé à Ars. J'ai vu
« assez longuement M. Reymond, qui fait fonction de
« vicaire et qui a interrogé le jeune homme de la Sa-
« lette. Mgr de Valence et Mgr de Viviers étant auprès
« de moi, à l'occasion du sacre de Mgr Chalandon, je
« leur ai communiqué les pièces que vous m'avez en-
« voyées et voici le résultat de nos réflexions : 1° nous
« regardons toujours comme assuré que les enfants ne
« se sont pas entendus pour tromper le public, et qu'ils
« ont réellement vu un personnage qui leur a parlé (1)
« 2° est-ce la Sainte-Vierge ? Tout prête à le croire, mais
« tout cela ne peut être constaté que par des miracles
« différents de l'apparition (2) ; 3° ceux qui sont allé-
« gués dans les deux écrits de M. Rousselot ont-ils un
« caractère suffisant, considérés en eux-mêmes et dans
« leur rapport avec l'apparition ? C'est à vous, Monsei-

---

(1). Un des évêques instructeurs à Belley, interrogé sur cette phrase de Mgr Devie, a répondu : « Mgr de Belley ne nie pas que l'enfant se soit démenti à Ars. » C'est là le point essentiel. La lettre de NN. SS. de Valence et de Viviers, à la date du 8 février, nous donnera bientôt la clé de l'énigme.

(2). Le langage des enfants ne peut donc pas être apporté comme preuve suffisante.

« gneur, à examiner et à prononcer. IL ME SEMBLE que
« quelques-uns ont été admis assez LÉGÈREMENT, ce
« qui fait un peu tort aux autres. Il FAUDRAIT donc s'AS-
« SURER SÉVÈREMENT de la vérité de ceux qui parais-
« sent PLUS AUTHENTIQUES. Je n'ai pas lu la seconde
« brochure de M. Rousselot, quoique j'ai lieu de croire
« qu'il me l'a envoyée, mais je ne sais où la prendre
« pour le moment (1).

« 4° Est-il à propos de construire une chapelle,
« comme vous en avez le projet ? Nous n'avons pas
« traité cette question d'une manière directe ; mais, si
« le pèlerinage se soutient, si on a la PREUVE que de
« NOUVELLES grâces spirituelles et temporelles sont ac-
« cordées par l'intercession de la Sainte-Vierge, SI ON
« OFFRE des fonds pour cette construction, c'est le cas
« de dire comme le bon curé d'Ars : La Providence
« lève les obstacles que les hommes apportent à ses
« desseins. A votre place, je ferais et ferais faire beau-
« coup de prières, et SANS DÉCIDER POSITIVEMENT QUE
« L'APPARITION EST SURNATURELLE, je me féliciterais de
« trouver l'occasion d'élever un nouveau sanctuaire à
« la gloire de Marie, qui, dans tous les cas, mérite no-
« tre confiance et notre reconnaissance (2). Voilà,

---

(1) Mgr de Belley ne veut pas empiéter sur les droits de son
collègue de Grenoble, mais il constate, en adoucissant la forme,
la légèreté avec laquelle on a admis, même les miracles les
plus authentiques ; il demande qu'on s'assure sévèrement de
leur vérité. La légèreté qu'il accuse a paru assez grave à son
esprit judicieux, pour qu'il n'ait pas même pris la peine de
lire la deuxième brochure de M. Rousselot, la première a
suffi pour qu'il n'ait rien vu de sérieux dans toute cette affaire.

(2) Le langage de Mgr de Belley est très net. Il réclame la
preuve que de *nouvelles* grâces (car les premières ne lui paraissent pas certaines) sont accordées par l'intercession de la

« Monseigneur, avec simplicité, ce que je crois devoir
« répondre à la marque de confiance que vous avez
« bien voulu me donner.

« Agréez, etc.

« † A. R., *évêque*. »

M. l'abbé Bez, citant dans son opuscule, un fragment de cette lettre, l'avait représentée comme favorable à la Salette et comme combinée en quelque sorte
avec les évêques de Valence et de Viviers, et con-
cluait à une accusation de calomnie contre quiconque
parlait du démenti de Maximin.

Les évêques de Valence et de Viviers, mis en cause
par l'imprudent narrateur, protestent sur-le-champ,
non pas auprès de lui, mais auprès du public ; ils
s'étonnent que leur *autorité soit invoquée en faveur
du fait de la Salette ;* ils accusent l'*inexactitude* du
langage de M. Bez ; ils regardent comme *très fâcheuse*
et comme *inexacte* l'appréciation de M. Bez, les représentant comme adhérents à la Salette, et ils lui si-

---

Sainte-Vierge ; il demande que des fonds soient OFFERTS et
non *sollicités* pour la construction de la chapelle, afin que dans
cette offre on puisse voir l'intervention de laProvidence ; il
demande, enfin, que l'APPARITION SURNATURELLE NE SOIT PAS
DÉCIDÉE POSITIVEMENT. Tout cela était fort sage, mais *la
preuve de grâces nouvelles* n'a pas été obtenue, les fonds pour
la construction ont été demandés par Mandement et circulai-
res et *non pas offerts ;* l'intervention de la Providence n'est pas
établie du tout, et cependant on a *décidé positivement l'apparition surnaturelle ;* en d'autres termes, tout ce que réclamait
Mgr de Belley a été mis de de côté ; tout ce qu'il voulait laisser de côté a été mis en avant. Mgr Devie n'est pas pour la *Salette telle qu'elle a été faite par les Mandements des 19 septembre
1851 et 1er mai 1852.*

gnifient, dans le cas où la controverse continuerait, *de ne les faire intervenir en aucune façon ;* car, lui disent-ils, il aurait dû comprendre *tout ce qu'il y avait d'intempestif et de dangereux à jeter leurs noms au milieu de ce débat.*

La leçon était sévère, elle était infligée plus sévèrement encore : l'*Univers* recevait et publiait, le 8 février, cette lettre signée des deux évêques.

Il dut leur en coûter pour prendre un parti aussi rigoureux ; mais, comptables, devant Dieu et devant les hommes, de leurs actes publics, on comprend la susceptibilité de deux évêques graves et sérieux ; on la comprend surtout quand on connaît les détails de leur décision à Belley.

Ils devaient, toutefois, ménager leur collègue de Grenoble, et ils ne manquèrent pas à ce devoir de la délicatesse. Aussi inscrivirent-ils dans leur lettre cette phrase de politesse dont on a plus tard, dans les brochures et dans les journaux, tiré un parti désespéré, et qu'il est temps de restituer à son sens véritable : « *L'incident d'Ars n'a pas paru avoir l'importance qu'on lui donnait.* »

Deux jours après leur départ de Belley, les évêques de Valence et de Viviers, le coadjuteur de Belley dînaient à Lyon chez un chanoine, aujourd'hui évêque. Il y fut question de la Salette et de l'incident d'Ars. Les évêques furent unanimes pour prononcer ces mots : « On s'est trop hâté de croire, on se hâte trop de *décroire.* » On avait cru sur la parole de deux enfants ignorants, parole qui était, qui devait être sans importance, et dès lors ne pouvait par elle-même pousser à la croyance. On se hâtait de réformer sa croyance sur la parole d'un de ces enfants.

En d'autres termes, le récit des enfants ne méritait

pas l'importance qu'on lui avait attribuée ; la rétractation de Maximin devait être jugée de la même manière.

MM. Rousselot et Chambon ont vu plus d'une fois l'un des évêques signataires de la lettre du 8 février, ils savent fort bien que l'opinion des quatre évêques de Belley est loin d'être favorable à la Salette.

Que les évêques dissidents n'aient pas exigé une confrontation de Maximin avec M. le curé d'Ars, cela se conçoit. Le récit de l'apparition par les enfants leur paraissait sans importance et ils le disent assez puisqu'ils exigent *des miracles différents de l'apparition,* puis qu'ils accusent *la légèreté* de M. Rousselot à admettre ceux qu'il a consignés dans son rapport, et qu'ils réclament un examen *sévère* de ceux qui paraissent *les plus authentiques.* (Lettre de Mgr de Belley, 15 janvier 1851.) Ils ne croyaient pas, ils n'avaient pas besoin d'éclairer leur *incroyance,* elle était radicale. Mais il n'en était pas de même pour ceux qui jusque-là avaient fait de la véracité des enfants, de la constance de leur témoignage, le premier, le principal argument de leur croyance ; ce témoignage ne devait pas un seul instant demeurer exposé au reproche d'une variation. Ce reproche subsistant, tout l'échafaudage de la Salette croule avec cette base ruineuse ; ce reproche disparaissant, l'échafaudage de la Salette commence au contraire et commence seulement alors à prendre une certaine consistance.

Qu'est-il advenu cependant ? Les incroyants n'ont cessé de répéter aux crédules admirateurs des enfants : « Conduisez Maximin à Ars, placez-le en regard du « prêtre respectable, du bon et saint curé qui l'ac- « cuse de s'être rétracté. Là, dans ce lieu même où il « lui a parlé, sous les yeux du Dieu qui scrute les

« consciences, et qui ne permettra pas que la véritésoit
« sacrifiée, soyez témoins de la conversation, des ex-
« plications qui seront échangées, dressez un procès-
« verbal, ayez la signature même du curé d'Ars pour
« constater son exactitude, et les premiers nous nous
« inclinerons devant cette épreuve, quel qu'en soit le
« résultat. Ce que nous voulons, c'est la vérité, rien
« que la vérité. »

Ce langage a été tenu sur tous les tons, il a été
adressé par les laïques et par les prêtres, jamais il n'a
été accueilli. La veille même, en quelque sorte, du
jour où le mandement doctrinal allait être arrêté, les
prêtres du canton de Grenoble, réunis chez M. Gerin,
curé de la Cathédrale et l'un des émissaires envoyés à
Rome, furent unanimes pour que M. Gerin sollicitât
de Mgr l'évêque l'envoi de Maximin à Ars. M. Gerin
engagea sa parole à le faire. L'envoi n'a pas eu lieu.

Un mois après, M. le chanoine Chambon renouvela
personnellement la même demande à Monseigneur. Il
ne fut pas plus heureux.

Quelque temps auparavant, l'un des curés les plus
distingués du diocèse écrivait à l'évêché, implorait,
pour le bien de la religion et l'honneur du clergé, la
nomination d'une commission choisie parmi les ecclésiastiques les plus éclairés et les moins engagés dans la
question, pour accompagner Maximin à Ars et en finir
avec un incident déplorable. Il faisait plus, il se char-
geait de tous les frais de voyage et de séjour, et ne
tenait pas à être lui-même l'un des délégués. La
réponse ne se fit pas attendre, elle fut courte mais
significative. La proposition était repoussée, la raison
en était donnée ; — agir ainsi, *ce serait* SE DÉJUGER.

Le mot est écrit, il ne se discute pas.

Déjà, l'année dernière, le tuteur officieux donné à

Maximin, était allé le voir au Petit-Séminaire, et après lui avoir adressé conseils et remontrances, il l'avait quitté en lui disant : « Songe surtout à la faute que tu as commise à Ars, et n'y reviens jamais ; il irait de ton avenir. »

La prescription a été entendue, elle a été recueillie, elle explique la crainte manifestée par Maximin, sous la plume de M. le chanoine Auvergne, le 6 novembre, exprimée directement par lui à M. le curé d'Ars, le 24 novembre, d'être chassé du Petit-Séminaire, si son démenti ne se modifiait pas. Il est évident qu'on redoutait la confrontation parce qu'on redoutait la vérité, et que ce qu'on voulait uniquement, c'était le triomphe de la Salette.... quand même....!

Aujourd'hui, le mandement doctrinal a paru, la première pierre de la chapelle est posée, un corps de missionnaires est fixé sur la montagne. En présence de tous ces faits, le curé d'Ars est tel qu'il était au mois de septembre 1850. « Le mandement et la chapelle, dit-il, ne feront pas que l'apparition de la Salette soit vraie. »

Sa conviction est bien forte pour qu'il parle ce langage : encore quelques jours, et comme le disait M. le chanoine Chambon au *Patriote*, dans le mois de février 1851, le tour sera fait ; il sera fait dans des conditions qui doivent lui garantir l'immortalité, et le curé d'Ars, avec l'autorité de sa parole simple, mais vraie, de sa conscience droite, de son expérience des choses du ciel, répète encore : « Mandement et chapelle, chapelle et missionnaires ne feront pas que l'apparition soit vraie. »

Il n'était pas donné au curé d'Ars de succomber sous les coups des auteurs tout puissants de la Salette, son diocèse n'est pas celui de Grenoble, et ça été fort heureux pour lui ; mais pendant qu'on lui faisait donner ainsi qu'à M. Reymond, son vicaire, l'ordre de garder le silence sur sa conversation avec Maximin, pendant que sa soumission sans bornes déférait à cette injonction de l'autorité, on se préparait à le flageller dans des brochures, dans des journaux, et ses adversaires peuvent se rendre la justice qu'ils n'ont rien laissé à désirer sous ce rapport.

CHAPITRE VII.

Un prêtre modeste existait à une certaine distance du diocèse de Grenoble, sur le territoire duquel est située la montagne de la Salette. Ce prêtre desservait une cure chétive, dans un pays pauvre et isolé; mais ce prêtre avait su emprunter au ciel quelques-uns de ses secrets, sa réputation, depuis plus de trente ans, allait grandissant chaque jour, chaque jour aussi voyait arriver auprès de lui de nombreux pèlerins, pressés de se réconcilier avec Dieu ou de connaître les règles les plus sûres de la perfection chrétienne. Les villes de la Bresse et du Lyonnais n'étaient pas seules tributaires de M. le curé d'Ars, le nombre des étrangers devint bientôt assez considérable pour qu'un service régulier d'omnibus s'établît entre Lyon et Ars.

M. le curé d'Ars ne comprend pas qu'un pèlerinage chrétien puisse servir d'encouragement à des spéculateurs, il a interdit dans sa paroisse cafés et cabarets, il a réglé les intérêts des *logeurs*, et l'ascendant de sa vertu est tel, que jamais on n'a la moindre observation à lui faire, quelque sévères que paraissent ses décisions.

Ars est vraiment l'asile de la vertu, les fêtes de la Sainte-Vierge y comptent toujours plusieurs milliers de pèlerins étrangers, et jamais le calme n'est plus profond, la tranquillité n'est plus parfaite que lorsque les réunions sont plus nombreuses.

Le vénérable curé de cette paroisse était, plus que tout autre, l'homme en quelque sorte suscité de Dieu pour distinguer l'erreur de la vérité. Il avait entendu parler de la Salette, il avait lu les ouvrages de M. Rousselot, il avait compté les divers miracles rapportés par cet auteur, il avait remarqué l'approbation épiscopale qui les recommandait et dans la joie de son âme il avait accepté la Salette comme un fait miraculeux, il l'avait prêchée cent et cent fois, il avait suspendu dans son église divers tableaux de N.-D. de la Salette, il avait placé dans un reliquaire, il portait constamment sur son cœur un fragment de la pierre sur laquelle s'était reposée la dame de l'apparition, il avait contribué, par ses prédications, à nourrir le pèlerinage de la Salette et cela durait depuis quatre ans, lorsque la Providence permet que Maximin dirige ses pas à Ars.

Le curé le voit, il converse avec lui, accoutumé en quelque sorte au langage du ciel, il exerce sur Maximin une influence heureuse, il se convainc que la Salette est une erreur, et sans précipitation, mais aussi sans hésitation aucune, il prend son parti.

Il avertit son évêque, il fait avertir l'évêque de Grenoble, il reçoit les délégués que ce dernier lui envoie, il leur prouve la vérité de la rétractation de Maximin et comme le nom d'un évêque avait été fortement engagé dans cette question, comme 20,000

exemplaires des ouvrages de M. Rousselot sur la Salette l'avaient portée dans toutes les parties du monde
et que prêtre selon le cœur de Dieu, M. le curé d'Ars
voulait allier le culte de la vérité et le respect pour un
évêque, il engage MM. Rousselot et Mélin à ne pas
poursuivre leur projet de construction pour une chapelle, à ne pas entretenir par des publications, par la
présence d'un prêtre sur la montagne, un pèlerinage
que Dieu n'a pas établi, à cette condition il gardera
le silence sur le démenti de Maximin, les convenances
seront sauvées par rapport à Mgr l'évêque de Grenoble, et il adviendra de la Salette ce que Dieu voudra.

Rien n'était plus sage et plus respectueux pour l'évêque que cette proposition. M. le curé d'Ars n'est pas compris, ses interlocuteurs le quittent, ils tournent la difficulté par tous les moyens, ils interviennent et font
intervenir auprès de Mgr de Belley ; M. le curé d'Ars
garde le silence. Ils recourent à la presse, ils emploient
envers le confident de Maximin un langage peu digne ;
le curé d'Ars continue à se taire. Enfin, le métropolitain, dont on a affecté de ne tenir aucun compte,
expédie à Ars quelques-uns de ses prêtres les plus
consommés dans la science et dans la vertu ; ils entendent, ils voient, ils jugent ; M. le curé d'Ars est
rendu à la liberté de conscience. Il ne proclame pas
sur les toits les détails de son entrevue avec Maximin,
mais il ne les tient plus secrets ; il gémit, et laisse à
Dieu le soin d'en finir avec une œuvre qui n'est pas la
sienne.

Si M. le curé d'Ars s'était laissé diriger par quelque
sentiment humain, il aurait persisté quand même !....
dans sa première croyance. Il l'avait hautement annoncée, il l'avait propagée ; un retour de sa part, est
un sacrifice d'amour-propre ; mais la vertu ne calcule

pas ainsi quand elle est véritable ; elle voit la vérité, elle la proclame et s'y dévoue. Dieu le veut ainsi ; le curé d'Ars ne pouvait pas vouloir autrement.

Maximin a été, par le fait de la Salette, arraché à la misère ; à son existence chétive et fatigante a succédé une existence douce et agréable ; aux peines de l'avenir, a succédé l'assurance d'un avenir doré. Rentrant en lui-même à Ars, il avoue la faute qu'il a commise ; mais il ne veut plus revenir à Grenoble ; il ne peut pas obtenir de M. le curé d'Ars un concours qui répugne à la vertu du saint prêtre ; il se réfugie à Lyon chez l'un de ses panégyristes, s'y cache sous un nom qui n'est pas le sien, attend que son retour à Grenoble soit négocié, et, en rentrant, se trouve dans la nécessité — ou de réfuter son démenti d'Ars, démenti pour lequel il reçoit sa récompense par son introduction au Petit-Séminaire, où on lui ménage linge et vêtements, livres et argent même, au point de faire envie aux plus riches de ses camarades qui sont au nombre de plus de deux cent cinquante ; au point de scandaliser ses professeurs eux-mêmes : — ou bien de persister dans son démenti, c'est-à-dire de retourner à la misère, au travail de tous les jours, aux reproches de ses parents, aux plaisanteries de ses camarades, à la honte du rôle qu'il a joué. Sa position est délicate ; il prend le parti le plus facile et le plus sûr ; son intérêt, son existence, son avenir le lui dictent. Voilà ce qui devait frapper les intrépides défenseurs de la Salette, voilà ce qui paraît les inquiéter le moins. Il ont en main un pouvoir supérieur et mystique ; cet argument répond à tout.

En deux mots, tout engageait M. le curé d'Ars à taire les confidences de Maximin ; la vertu seule l'engageait à les faire connaître. — M. le curé n'hésite pas.

Tout engage Maximin à se démentir ; la vertu seule peut lutter contre cette impulsion ; mais la vertu et Maximin ne s'allient guère pour quiconque a lu M. Rousselot. — Maximin n'hésite pas, il se dément ; il assure son présent et son avenir.

Tout à coup se présente en lice contre M. le curé d'Ars une cohorte sainte : M. Bez est le chef de file ; je n'aurai pas à argumenter avec lui, j'ai déjà signalé, je signale, pour la seconde fois, le titre de son pamphlet : *M. Vianay, curé d'Ars, et Maximin Giraud, berger de la Salette, ou la vérité récupérant ses droits.* Ce parallèle insultant suffit pour indiquer que M. Bez n'est pas un adversaire sérieux ; c'est assez, c'est beaucoup trop de l'avoir nommé ; il est des hommes avec lesquels il ne faut pas être cruel, sinon pour eux, du moins pour l'habit qui les couvre.

M. Rousselot le suit de près. M. Rousselot, que chacun se plaisait à croire un homme vertueux et bon, devant lequel on s'inclinait comme devant la douceur incarnée, M. Rousselot s'abaisse au rôle de pamphlétaire. Loin de moi la pensée de le suivre dans les espèces de raisonnements que lui inspire la passion contre M. le curé d'Ars ; le démenti de Maximin est connu dans tous ses détails, il est apprécié. Par quelles ressources de son imagination, le célèbre professeur a-t-il essayé de donner le change ?

Ouvrez, à la page 34, ligne 31e, son opuscule : *Défense de l'événement de la Salette.* M. Rousselot veut prouver qu'il y a eu un malentendu et rien de plus à Ars. Comment s'y prend-il ? Je le laisse parler ou plutôt je le cite textuellement.

« Qu'il y ait eu un malentendu entre le vénérable

« curé d'Ars et Maximin, NOUS EN SOMMES SURS; que le
« bon curé, absorbé par cette foule compacte qui
« l'assiége continuellement dans l'église, au confes-
« sionnal et à la sacristie et cela depuis une heure du
« matin jusqu'à sept heures du soir, N'AIT EU QUE LE
« TEMPS DE FAIRE UNE OU DEUX QUESTIONS A L'ENFANT,
« *sans* AVOIR EU CELUI D'ENTENDRE OU DE COMPRENDRE
« LES RÉPONSES QUI LUI ÉTAIENT DONNÉES, NOUS L'AFFIR-
« MONS. »

Tournez le feuillet, à la page 37, ligne 15ᵉ, lisez :

« *Le lendemain, son entretien* (de Maximin), *avec*
« *le respectable curé* DURA UN QUART D'HEURE AU PLUS. »

Qu'est-ce à dire? L'enfant a eu non pas un entretien, mais deux; le deuxième entretien dure un quart
d'heure, et ce laps de temps lui permet à peine d'a-
dresser une ou deux questions sans avoir celui d'entendre ou de comprendre les réponses qui lui sont
données! Et c'est un professeur de quarante ans, con-
naissant mieux que personne le prix du temps, qui
écrit une semblable billevesée! et c'est au moment
de l'écrire que sa plume trace ces mots : *Il n'y
a eu qu'un malentendu*, NOUS L'AFFIRMONS. Pourquoi
M. Rousselot n'ajoute-t-il pas : *Testis mihi est Deus*?
Rien ne manquerait à son argumentation.

—Page 36, ligne 30, M. Rousselot *porte le défi solennel de pouvoir jamais produire un procès-verbal de rétractation*, et il ajoute : *Jamais on ne mon-
trera la signature de Maximin donnée à Ars, elle
était cependant* RIGOUREUSEMENT REQUISE *dans une
affaire de cette nature.*

M. Rousselot joue sur les mots, et il le fait d'une
manière bien malheureuse. Il sait que les quatre évê-

ques réunis à Belley ont eu entre leurs mains, ont lu, ont jugé une déclaration signée par M. le curé d'Ars. Dans sa lettre à M. Bez, lettre que j'ai citée page 39, et dans laquelle il accuse de légèreté la conduite de M. le curé d'Ars, il déclare que *M. Vianay s'est empressé de donner avis à Mgr de Grenoble* du démenti de Maximin. Est-ce par hasard la forme qui donne de la valeur au fond? Est-ce que la déclaration positive d'un prêtre, que tout le monde vénère, a besoin de la signature d'un bambin, signature qui serait sans crédit devant la justice humaine, pour signifier ce qu'elle signifie en réalité? Dans quel code nouveau, M. Rousselot a-t-il vu que la signature de celui qu'on juge est rigoureusement requise pour qu'on statue sur l'acte qui lui est imputé? Qu'il consulte les usages de nos tribunaux civils, correctionnels, criminels; qu'il consulte même les usages de l'administration dont il est membre, et alors je lui demanderai : pourquoi un privilége spécial, unique, énorme, immoral pour son Maximin?

—Page 35, ligne 32e, il revient au célèbre argument sur lequel il a bâti tout son édifice de la Salette. Les enfants n'ont été ni trompeurs ni trompés, et il exige qu'on lui explique comment ils auraient pu être l'un ou l'autre.

M. Rousselot oublie que c'est à lui à prouver ce qu'il avance, et à le prouver par des raisons capables de convaincre ; les opposants n'ont rien à lui prouver, si ce n'est le vide de ses raisonnements, et la chose n'est pas difficile.

Ainsi, suivant lui : « *les enfants n'ont été ni trompeurs, ni trompés.* »

1° *Trompeurs.*— M. Rousselot avoue, page 41e, que Maximin est menteur de sa nature. Qui donc est plus propre à tromper qu'un menteur?

Il a entendu Mélanie avouer à l'évêché, en présence de Monseigneur et de la commission entière, qu'elle avait vu, un autre jour que le 19 septembre 1846, une dame noire sur la montagne, qu'elle avait été accompagnée un soir chez son maître par une lumière miraculeuse. Il ne parle pas de ces deux incidents dans son rapport, donc il n'y croit pas. Mélanie le trompait, les trompait tous quand elle tenait ce langage, et, suivant lui, *Mélanie ne peut pas être trompeuse !*

2° Trompés. — Mélanie est si bornée qu'elle ne peut être admise à sa première communion qu'à l'âge de dix-sept ans, et vingt mois après l'apparition. Maximin a besoin de tout ce temps aussi, pour se préparer à sa première communion. Dans les classes qu'on l'oblige à faire, il ne trouve jamais de concurrent pour la dernière place. Rien n'est plus facile que de tromper les ignorants, et, à vrai dire, les ignorants sont les seuls qu'on puisse tromper ; mais Maximin et Mélanie sont superlativement ignorants, et, d'après M. Rousselot, ils n'auraient pas pu être trompés !

La thèse au profit de laquelle on n'a que de semblables arguments est une thèse désespérée.

Allons à des écarts plus graves encore.

— Page 41, 1re ligne. NN. SS. les évêques réunis à Belley n'ont traité que de *l'incident survenu à Ars, lequel n'a pas paru avoir l'importance qu'on lui donnait.* Ces expressions n'excluent pas tous les degrés d'importance, et toutefois sous la plume de M. Rousselot, même page, 4e ligne, puis encore 9e ligne, sans doute pour produire plus d'effet, cet incident est déclaré, est qualifié par les évêques UN INCIDENT *sans importance.*

Il peut y avoir de l'adresse dans cette altération des mots, y a-t-il de la bonne foi ?

Allons plus loin encore.

—Page 31, ligne 27ᵉ, lisez : « Maximin *n'a point*
« *été dirigé a Ars*, il a été enlevé..... par trois hom-
« mes respectables...... »

Page 32, ligne 5ᵉ, lisez encore : « Il y a donc eu dans
« le voyage d'Ars.... un véritable *enlèvement de mi-*
« *neur*, cas prévu par le code pénal et qui effraya
« tellement ceux qui s'en étaient imprudemment char-
« gés, qu'ils cherchèrent bien vite les moyens de se
« débarrasser de Maximin et de disparaître eux-mêmes
« au plus tôt. »

Un mineur est enlevé, les coupables s'effraient, se
débarrassent de leur fardeau, fuient au plus vite dans
la crainte du Code pénal ; et ces trois coupables sont
gens RESPECTABLES. M. Rousselot nous dit tout cela
avec un sang-froid imperturbable, et encore ne nous
dit-il pas tout ?

M. Bez vient à notre secours dans son opuscule : *M.*
Vianay curé d'Ars, et Maximin Giraud, page 31,
ligne 6ᵉ. Il nous apprend « que Maximin n'était pas
« allé seul à Ars, qu'il y avait été *charitablement*
« accompagné *avec sa sœur, jeune fille de vingt*
« *ans*, par trois personnes respectables qui s'intéres-
« saient à lui d'une manière toute spéciale à cause de
« son rôle de témoin dans le fait de l'apparition. »

Si M. Bez dit vrai, M. Rousselot passe à côté de la
vérité et j'incline quelque peu à le croire, car le Code
pénal n'a pas été invoqué contre les coupables de l'enlèvement de Maximin, et d'un autre côté, Maximin était
avec sa sœur, circonstance que M. Rousselot passe sous
silence et qui aurait rendu les ravisseurs doublement
coupables.

Mais pourquoi M. Bez est-il si naïf ? Il habite Lyon,
il ne connaît pas tous les incidents de Grenoble. M.

Rousselot habite cette ville; il est à la piste de tout ce qui concerne la Salette. Il sait, comme tout le monde à Grenoble, que la sœur de Maximin paie quelquefois son tribut à une faiblesse ou à une qualité de son sexe, et qu'à son retour d'Ars, elle a un peu trop parlé. Il n'est pas toujours prudent de donner l'éveil. M. Rousselot le sait fort bien, et au besoin, il pousse très loin la réserve. A-t-il bien fait? Le trait suivant va nous le dire, et je le cite sans commentaire.

La sœur de Maximin, à son retour d'Ars, était en service à Grenoble chez la parente d'un ami intime de M. Rousselot. « Maximin, lui dit un jour sa maîtresse, « a fait de jolies choses, il a donc démenti la Salette à « Ars?—L'imbécile, répartit inconsidérément sa sœur, « il devait au moins attendre d'avoir fini ses études ; « si Mélanie le savait, comme elle le battrait! Une fois « déjà il lui avait pris fantaisie de se dédire, elle le « rossa. »

M. Rousselot réfutant un homme de lettres qui avait indiqué que les deux enfants avaient été dirigés vers le vénérable curé d'Ars, le faisait en quatre mots (page 31, ligne 17.) *Deux lignes*, disait-il, *deux faussetés*. Il avait un peu raison ; Maximin seul avait fait le voyage. Quand on a des paroles si sévères pour une erreur matérielle, qui ne change rien au fond, est-on en droit de commettre, par restriction, une erreur matérielle beaucoup plus grave? C'est là cependant ce qu'a fait M. Rousselot, et je ne descendrai pas jusqu'à lui dire *deux lignes, deux faussetés*. A chacun ses moyens et son style!

— *Incedo per ignes*. Le même homme de lettres avait écrit ces lignes: « Une chapelle fut élevée sur les « lieux où la Vierge était apparue aux petits bergers, « UN PRÊTRE FUT DÉSIGNÉ POUR LA DESSERVIR. »

M. Rousselot éprouve le besoin de repousser la dernière assertion. Comment s'y prend-il ? Ouvrez son livre (page 25, ligne 25), lisez :

Un prêtre fut désigné pour la desservir; « et il « n'y en a point encore. Où logerait-il? où couche-» rait-il sur la montagne? C'est le CURÉ DE LA PA-« ROISSE, qui, pour satisfaire la piété des pèlerins, est « obligé de faire cette pénible ascension souvent par « des temps affreux, et de louer, à cet effet, un guide « et une monture. »

La dénégation est absolue, aucun détail ne manque pour constater qu'aucun prêtre n'est désigné pour la desserte de la chapelle sur la montagne, que ce soin est rempli par le CURÉ SEUL, et ces lignes sont écrites *au mois de février* 1851, *et avec la permission de Mgr l'évêque.* Date et permission sont imprimées en tête de l'ouvrage.

Mais un usage existe dans tous les diocèses de France; cet usage se pratique à Grenoble, c'est celui d'un annuaire ecclésiastique contenant la nécrologie des prêtres morts dans l'année qui vient de s'écouler, et cet annuaire se fait par l'ordre et avec les renseignements des évêques.

Au nécrologe de l'annuaire de Grenoble 1851, se trouve inscrite la mort de Jacques Perrin avec cette qualité : *Sacerdos adjutor ad montem la Salette, prêtre auxiliaire pour la montagne de la Salette*

Cette mort est inscrite à la date du 24 avril 1851, elle était postérieure de deux mois à celle que choisissait M. Rousselot pour nier, devant le monde entier, l'existence de ce prêtre.

Cette mort arrivait dans la cure même de la Salette.

Enfin, le service de ce prêtre avait duré deux ans,

et comme jamais il n'y a eu de vicaire à la Salette, paroisse très petite et trop pauvre pour pouvoir le payer, Jacques Perrin avait reçu l'autorisation de se faire son traitement à lui-même en prélevant cinq francs par jour sur les offrandes des pèlerins.

M. Rousselot savait tout cela, et il imprimait qu'aucun prêtre n'avait été désigné pour desservir la chapelle, et que ce soin pénible était rempli par le curé seul.

Mais si la plume de M. Rousselot distribue des mots et des phrases, la puissance de Dieu distribue la vie et la mort. Et pour rendre à la vérité un hommage qui ne périra pas, pour la dégager du nuage dans lequel il plaisait à M. Rousselot de l'ensevelir, Dieu a voulu que *le prêtre auxiliaire pour la montagne de la Salette* mourût deux mois après la dénégation de son existence par M. Rousselot, et que la constatation de cette mort fît ressortir à jamais la moralité des moyens employés pour le triomphe de la Salette.

Pour avoir le droit de parler désormais de la Salette, M. Rousselot a besoin de faire son procès à Dieu.

— Ce n'est pas tout; Jacques Perrin existait, existait au profit du pèlerinage avant même qu'une chapelle eût été construite sur la montagne, mais il n'existait pas seul. Sur la montagne même, aussitôt après la fonte des neiges, était placé, chaque année, un autre prêtre longtemps curé dans une paroisse voisine de la Salette ; ce prêtre logeait, couchait sur la montagne ; ce prêtre était quelque peu initié aux mystères de la thaumaturgie, car l'administration de l'évêché, obligée de correspondre à son sujet avec un haut fonctionnaire de la magistrature, écrivait qu'elle n'avait pas bien su distinguer si les rapports qu'on lui reprochait

avaient eu lieu à l'aide d'un *démon incube ou succube.*
Oui, en plein 19e siècle, cette lettre a vu le jour et ce
prêtre était aussi sur la montagne, et il n'en descendait
pas pendant toute la belle saison ! Et cela n'empêchait
pas M. Rousselot d'écrire, d'attester au monde entier
qu'aucun prêtre n'avait été, n'était désigné pour desservir la chapelle ! Cela ne l'empêchait pas d'imprimer
qu'il y avait impossibilité de loger et de coucher sur
la montagne !

M. Rousselot veut que le monde entier s'incline
devant le récit des enfants, parce que, prétend-il, ils
n'ont été ni trompés, ni trompeurs.

Le célèbre argumentateur en dirait-il autant de ses
écrits ?

Il aime cependant la vérité, ou du moins certaine
vérité, avec passion : témoins ces lignes (page 33 de sa
brochure) qui terminent deux pages de réfutation, et
Dieu sait quelle réfutation ! contre l'imprudent écri-
vain qui avait attribué le voyage d'Ars aux deux enfants, au lieu de l'attribuer à Maximin seul.

« Quand on se fait imprimer à Lyon et qu'on est
« aux portes d'Ars, *on devrait un peu mieux étudier*
« *ce qu'on prétend faire accroire au public,* de
« peur qu'il ne se trouve dans la foule quelqu'un *qui*
« *vous jette à la figure* le fameux *mentiris impu-*
« *dentissimè* d'Horace. » (Textuel)

M. Rousselot est vicaire général, tous les jours il est
à l'évêché; il connaît la destination de chaque prêtre,
et dès lors l'établissement de M. Jacques Perrin pour
la desserte de la chapelle. Il connaît la demeure per-
manente, sur la montagne, du deuxième prêtre dont
son administration n'a pas su préciser les rapports
avec un démon incube ou succube. Il connaît tout
cela, et il le nie : *ne devrait-il pas un peu mieux étu-*

dier ses dénégations ou ses affirmations *quand il pré-tend les faire accroire* au public? N'a-t-il pas à craindre *qu'il ne se trouve dans la foule quelqu'un,* non pas *pour lui jeter à la figure le fameux men-tiris impudentissimè d'Horace* (cette licence de langage peut être permise à M. le vicaire général, ma plume se briserait plutôt que de la reproduire), mais pour lui dire : VOUS VOUS TROMPEZ SCIEMMENT, SCIEMMENT AUSSI VOUS TROMPEZ TOUT LE MONDE.

Et cependant, c'est M. Rousselot qui ajoute à son ouvrage, après la 40ᵉ page, un onglet commençant par ces mots :

« Nous voulons avant tout la vérité; la DISSIMULER
« ou l'ALTÉRER en quoi que ce soit, surtout dans une
« matière si grave, SERAIT A NOS YEUX un crime. »

Le principe est très moral et très beau, c'est M. Rousselot qui le pose. Pourquoi ne le respecte-t-il pas? Qu'il soit lui-même son juge. Qu'il me permette, dans ce but, une courte récapitulation.

La vérité a été non pas dissimulée, non pas altérée, mais faussée par rapport au prêtre désigné pour desservir la chapelle ; donc il y a eu crime.

La vérité a été altérée par rapport au jugement des évêques réunis à Belley, sur l'incident d'Ars ; donc il y a eu crime.

La vérité a été dissimulée par rapport au procès-verbal constatant cet incident ; donc il y a eu crime.

La vérité a été dissimulée par rapport à l'entretien de Maximin avec M. le curé d'Ars; donc il y a eu crime.

La vérité a été altérée par rapport aux *respectables* ravisseurs de Maximin ; donc il y a eu crime.

La vérité a été dissimulée, faussée dans la déclaration de Maximin du 2 novembre, ou dans sa lettre du

21, qui lui est opposée, peut-être dans toutes les deux ; donc il y a eu crime.

La vérité a été altérée dans la lettre de M. Rousselot à M. Bez et qui contredit celle de Maximin écrite sous la dictée de M. Rousselot lui-même ; donc il y a eu crime.

La vérité a été dissimulée, faussée par rapport aux miracles consignés dans les deux ouvrages de M. Rousselot (voir le chapitre 10ᵉ) ; donc il y a eu crime.

La vérité a été altérée, dissimulée à l'égard de S. E. le cardinal de Bonald, lors de son voyage à Grenoble (voir le chapitre 1ᵉʳ, 2ᵉ partie); donc il y a eu crime.

La vérité a été altérée, dissimulée, faussée dans le mandement dont M. Rousselot est l'auteur (voir le chapitre 5, 2ᵉ partie); donc il y a eu crime.

La vérité a été altérée, dissimulée dans le rapport de la commission de 1848 ; donc il y a eu crime.

Je suspends cette longue et pénible énumération, car il faut en finir.

C'est M. Rousselot qui l'a dit ; qu'il ne se plaigne pas de la sévérité des termes et qu'il me permette de répéter avec lui (pages 21, 22, et 23 de sa défense) : *Le clergé et les fidèles du diocèce frémiront d'indignation en voyant cette abominable insulte faite* à la vérité *pour laquelle* l'auteur de la défense de la Salette *semble professer un profond respect. Pour détruire plus sûrement* l'opposition *qu'il abhorre, il a cherché à anéantir* la vérité. *Que dira la France de ce lâche procédé ?*

La France et la religion gémiront, je me trompe, elles gémissent déjà.

En présence de toutes ces dissimulations, de toutes ces altérations de la vérité, de tous ces crimes, pour parler le langage de M. Rousselot, M. le curé d'Ars, dans la simplicité de sa vertu, dans la droiture de sa conscience, tient aujourd'hui le langage qu'il tenait à M. le curé Gerin au mois d'octobre 1850, à MM. Rousselot et Mélin le mois suivant, ce langage n'a pas varié, car lui aussi considère comme un crime toute dissimulation, toute altération de la vérité. Cette maxime n'est pas seulement une théorie pour lui, elle est la pratique de sa vie entière.

D'un côté, M. le curé d'Ars toujours le même.

De l'autre, les patrons de Maximin toujours variables.

La raison et la religion s'unissent pour proclamer que Maximin s'est rétracté à Ars, qu'il s'est de nouveau rétracté à Grenoble, et que ces rétractations sont au fond sans importance réelle comme son récit sur l'apparition du 19 septembre 1846. Quel crédit peut avoir, en effet, dans une matière si grave, la parole d'un enfant, et surtout d'un enfant tel que Maximin?

CHAPITRE VIII.

SUITE DE LA CROISADE CONTRE M. LE CURÉ D'ARS, UN TROISIÈME ADVERSAIRE.

MM. Bez et Rousselot ont publié, ont propagé des brochures avec une HAUTE approbation et l'incident d'Ars n'a pas été ébranlé, il domine encore la question tout entière. Le chapitre de la cathédrale, qui a pris fait et cause pour la Salette, le sent, et bien déterminé à ne pas se rendre, il met en scène l'un de ses membres, qui a été vingt-cinq ans professeur de rhétorique ou supérieur du Petit-Séminaire de Grenoble, qui aujourd'hui est membre du conseil académique et professeur d'éloquence sacrée au Grand-Séminaire.

M. le chanoine Chambon entre dans la lice, il est armé de toutes pièces, il a pour conseils ses collègues, car il annonce qu'il écrit en leur nom ; pour inspirateur son évêque, ou plutôt les collaborateurs de son évêque. La question sans doute va grandir sous la plume de l'habile polémiste et le curé d'Ars va succomber. Soyons attentifs.

.Un journal de Grenoble venait d'introduire dans ses colonnes un article publié à Lyon, ville très rapprochée d'Ars; cet article, élogieux pour le curé, blessait à mort Maximin et la Salette, et de plus il parlait de superstition trop profitable aux intérêts d'industriels de tous genres pour qu'on eût, jusqu'à ce moment, songé à y mettre un terme.

M. le chanoine Chambon céda à une mauvaise inspiration, il répliqua par la presse, et sa réplique ne prouvait rien. Il s'éleva avec force contre toute participation à un genre d'industrie quelconque, et se laissant aller à un sentiment de trop vive indignation, il termina par des paroles offensantes pour son contradicteur. Je ne lui jouerai pas le mauvais tour de les reproduire.

Le *Patriote des Alpes* avait été blessé à son tour, sa réponse ne se fit pas attendre; elle fut cruelle, elle contint une discussion profondément logique, elle établit des principes de haute moralité, elle fixa des chiffres pour chaque genre d'industrie, elle en assigna un nommément à un membre du chapitre, elle releva, avec la fierté que donne le droit, le gant jeté trop imprudemment par M. le chanoine Chambon. Ce dernier fut vaincu. Il ne se releva pas.

Trop longue serait la reprise des six articles publiés à cette époque, M. le chanoine Chambon nous en dispense par une lettre du 8 octobre 1851, qui résume la question discutée en février; qui l'étrangle en invoquant, au mépris de la liberté et de la dignité humaine, la souveraineté d'une force irresponsable; qui laisse de côté le point le plus malheureux, les produits de l'industrie salétiste.

Je saisis, dans les journaux de Grenoble, cette lettre que M. le chanoine Chambon ne déniera pas, j'y joindrai quelques réflexions sur le point oublié ; —tout sera dit pour M. Chambon.

Grenoble, 8 octobre 1851.

Monsieur le rédacteur,

Des conseils que je respecte *m'invitent* (1) à écrire quelques mots encore sur les *nouveaux conflits* qui se sont élevés au sujet de la Salette. Je vous prie de vouloir bien me donner une petite place dans votre journal (2).

M. Cartellier, curé de Saint-Joseph, a publié le récit d'un voyage qu'il a fait auprès de M. le curé d'Ars, pour s'assurer du démenti que se serait donné à lui-même le petit berger de la Salette (3).

---

(1) M. Chambon écrit par invitation et non spontanément.

(2) Il parle de conflits nouveaux ; il se trompe. Il n'est survenu qu'une relation fort courte et fort calme d'un voyage à Ars, et M. Chambon avait, au mois de février, publié trois ou quatre articles, dans trois journaux différents, sur le voyage de Maximin à Ars et son entretien avec M. Vianay. La relation publiée n'apprend rien de nouveau.

(3) M. Cartellier a dû user du droit de légitime défense ; provoqué par un journal de la localité qui, à la suite d'une lettre de M. le chanoine Rousselot, l'accusait de faire *une guerre sans courage*, de *dénaturer à plaisir* les faits relatifs à Ars, de se laisser aller à la *calomnie*, qui menaçait de *flétrir* énergiquement *son opposition sans loyauté*, M. Cartellier, avec le calme d'une conscience droite, se présente à visage découvert, repousse les insinuations et les insultes, publie sa courte relation et, déniant à qui que ce soit *le droit de mettre en doute sa véracité*, répète ce qu'il a dit, le maintient et le prouve par ces paroles dignes comme sa lettre entière : « *Le vénérable curé est vivant, il peut être interrogé.* »

Voici du reste le récit attribué par M. Chambon à M. Cartellier.

Il résulte de ce récit que M. le curé d'Ars déclare avoir entendu l'enfant avouer qu'il n'a rien vu. As-

---

« On publie le récit d'un voyage à Rome ; pourquoi ne pas publier celui d'un voyage à Ars ?

« M. le curé d'Ars m'a dit : *La Salette est une fable : l'enfant m'a avoué que c'était une invention : ainsi vous avez bien fait de ne pas y croire. Cela vous suffit-il, monsieur ?* Pleinement répondis-je.

« Comme l'occasion se représentait de voir M. le curé d'Ars, désireux au fond d'avoir des détails, j'ai demandé et obtenu les suivants que je tiens également de sa bouche. (Je n'étais pas seul.)

« L'enfant voulait se confesser ; je n'ai pas voulu y con-
« sentir avant qu'il se fût expliqué sur la Salette. Or, il m'a dit
« *que la Salette était inventée, qu'il n'a pas vu la sainte Vierge,*
« *qu'il n'avait rien vu, qu'il ne savait pas si c'était le bon ou le*
« *malin esprit qui l'avait porté à mentir, qu'il voulait se retirer*
« *dans une communauté ; que là, si on l'interrogeait sur la Sa-*
« *lette, il répondrait qu'il n'avait plus rien à dire.*

« Je lui dis qu'il fallait retourner dans son diocèse et tout
« raconter à son aumônier (curé, confesseur) ; comme il ne le
« promettait pas, je lui dis que je voulais au moins consulter
« auparavant mon évêque ; je demandai et pris son adresse
« pour lui écrire, s'il y avait lieu, afin qu'il vînt commencer
« sa confession. »

« Voilà ce que me rapporta M. le curé d'Ars. Pour mieux m'assurer s'il n'y avait pas eu un malentendu, je lui parlai de la fameuse distinction :—L'enfant ne vous aurait pas dit avoir vu la sainte Vierge, parce qu'il ignore quel est le personnage de l'apparition ; mais il n'aurait pas nié qu'il avait vu une dame qui lui avait parlé tel langage, et qui avait disparu en s'élevant : « Du tout, me répondit M. le curé ; l'enfant m'a dit
« *n'avoir rien vu, absolument rien.* Il s'est très bien expliqué ;
« et je l'ai bien compris. Voici en deux mots ce qu'il voulait :
« décharger sa conscience et cependant laisser croire à la
« Salette ; parce que me disait-il, *ça fait du bien.* »

« J'avais entendu dire que M. le curé d'Ars était sourd ; je lui ai trouvé au contraire l'ouïe très délicate.

surément c'est là une objection grave, qui aide à comprendre comment des personnes respectables peuvent, de bonne foi, refuser de croire à l'apparition de la Salette (1).

Je l'avouerai même : lorsque, pour la première fois, j'entendis parler de ce démenti, qu'on a depuis appelé l'*incident d'Ars*, ma croyance à l'apparition fut un moment ébranlée (2).

« On disait également que M. Reymond, vicaire, était tout dans cette affaire d'Ars. Il n'y est pour rien. Ce n'est pas lui qui a reçu les aveux de Maximin ; il les a même ignorés pendant longtemps.

« Ce que M. le curé d'Ars m'a dit à moi-même, il l'a dit quant à la substance, à une infinité de personnes. Il a complétement déposé sa foi à la Salette depuis qu'il a vu Maximin ; on sait comment il était croyant auparavant.

« Il y a mille et une choses que l'on pourrait dire encore. Mais il ne s'agit ici que d'un voyage à Ars. »

(1) Ce n'est pas seulement une objection grave, c'est une question jugée. Lorsqu'un fait aussi majeur est attesté par un prêtre que l'opinion publique ou plutôt universelle, rendant hommage à ses vertus surhumaines, place par une heureuse exception au-dessus de tous ceux que le monde, de tous ceux que la religion vénère et estime, personne, absolument personne, n'a le droit de juger un fait qui lui est personnel et qui intéresse à un haut degré la religion à laquelle il a dévoué sa vie, pour laquelle il serait heureux de mourir. Le langage si net, si persistant de M. le curé d'Ars, ce langage qu'on se refuse obstinément à aller étudier sur les lieux en mettant en présence Maximin et M. Vianay, un enfant et un saint, ce langage, dis-je, n'aide pas à comprendre, ainsi que le veut M. Chambon, comment on peut de bonne foi ne pas croire à l'apparition de la Salette ; mais il inspire, il commande cette réflexion, la seule qui soit naturelle : *Comment une seule personne raisonnable et sensée peut-elle croire encore de bonne foi à l'apparition de la Salette ?*

(2) M. le chanoine adoucit les termes ; sa conviction ne fut

Mais il m'en coûtait d'abandonner une conviction qui m'était chère, parce qu'elle favorisait le culte de Marie. Je dus, par conséquent, m'appliquer à examiner avec la plus scrupuleuse attention toutes les circonstances de cet incident, et je dirai en toute simplicité le travail qui se fit dans mon esprit (1).

D'un côté, M. le curé d'Ars déclare que l'enfant a tout désavoué; de l'autre, l'enfant soutient qu'il n'a rien désavoué. Nous voilà, comme je l'ai déjà dit dans une première polémique, placés entre deux témoignages d'une grande inégalité au premier coup d'œil (2), et certainement, s'il n'y a rien de plus, toute notre confiance appartient au vénérable et saint curé d'Ars.

Mais il y a des circonstances qui viennent modifier ces deux témoignages, fortifier l'un et affaiblir l'autre (3).

D'abord, l'enfant n'est pas seul; la petite bergère, qui est un ange de piété, n'a jamais varié, et elle sou-

---

pas seulement ébranlée, elle fut entièrement réformée. Il en a fait l'aveu.

(1) Un moyen bien simple se présentait à M. Chambon pour faciliter son travail scrupuleux, il fallait aller à Ars.

(2) L'inégalité de témoignage entre un saint, le curé d'Ars, et un enfant menteur, Maximin, n'existe qu'au *premier coup d'œil*, et c'est un chanoine qui imprime cela! comment essaiera-t-il de soutenir cette déplorable thèse ?

(3) Permis à M. Chambon de trouver partout où il voudra des éléments de force pour le témoignage de Maximin ; mais vouloir affaiblir celui de M. le curé d'Ars autrement que par un entretien avec lui, entretien qu'il ne refuse pas, qu'il désire, auquel il est toujours prêt, auquel on se refuse toujours, c'est au moins absurde et les sots sont seuls susceptibles de se laisser prendre à ce langage trop hasardé.

tient toujours ses premiers dires avec la même candeur et la même énergie (1).

De plus, il y a de nombreux miracles en faveur de l'apparition. Il ne servirait de rien de dire qu'ils ne sont pas tous suffisamment prouvés; il y en a de certains, il y en a d'authentiques, il y en a qui ont été examinés juridiquement et selon les règles des procédures canoniques. Or, il faut bien avouer que ceux-là donnent une valeur immense au témoignage du petit berger (2).

Ensuite, plusieurs évêques réunis à Belley ont examiné l'incident d'Ars avec une grande attention, et ils ont conclu qu'il n'avait pas l'importance qu'on lui avait crue d'abord (3).

Enfin, M. le curé d'Ars lui-même, écrivant sur cet incident à Mgr l'évêque de Grenoble, lui dit que le mal n'est pas grand, et que si Dieu est l'auteur du fait de la Salette, il saura bien le soutenir (4).

---

(1) La jeune bergère a comparu devant la commission que présidait Mgr l'évêque, M. Chambon était là, il a entendu cet *ange de piété* parlant d'une seconde apparition d'une dame noire sur la montagne, parlant d'une lumière miraculeuse que Dieu lui avait envoyée une fois encore pour guider ses pas de la montagne au village. La majorité de la commission a bien soin, dans son rapport de cacher ces deux visions, mais elles n'en sont pas moins un fait acquis, et c'est le langage *candide* de cette jeune visionnaire qui paraît à M. Chambon affaiblir l'autorité de M. le curé d'Ars! M. le chanoine n'est pas difficile. Deux élèves de sa classe d'archéologie ou d'éloquence sacrée ont désormais le droit d'avoir raison contre lui.

(2) L'argument que M. Chambon tire des miracles, en faveur de l'apparition est plus malheureux encore. (Voir sur ce point, le chapitre 10ᵉ.)

(3) Je tiens le même langage pour l'examen de l'incident d'Ars par les évêques réunis à Belley. (Voir le chapitre 6ᵉ.)

(4) Même langage encore pour la lettre de M. le curé d'Ars. (Voir le chapitre 6ᵉ, page 73.)

Ces paroles ne manifestent-elles pas évidemment de l'embarras et de l'incertitude dans l'opinion de M. le curé? Et n'est-il pas raisonnable de penser qu'il y a dans tout cela quelque triste malentendu, surtout quand l'enfant assure qu'il ne comprenait pas bien ce que lui demandait M. le curé d'Ars (1)?

---

(1) Rien n'est plus regrettable que de rencontrer constamment, sous la plume d'un homme sérieux, de semblables expressions. — Finissons-en :

Quel est le langage de M. le curé d'Ars à Mgr l'évêque de Grenoble?

Il écrit le 5 décembre 1850 : — Monseigneur, — J'AVAIS *une grande confiance en Notre-Dame de la Salette,..... le petit m'ayant dit qu'il n'avait pas vu la Sainte-Vierge, j'ai été fatigué un couple de jours.... Après tout, la plaie n'est pas si grande.*

Le curé d'Ars *avait*, donc il n'a plus. Rien de moins incertain, de plus dégagé, que ce mot dans sa brièveté.

Le *petit* lui a dit, *qu'il n'avait pas vu la Sainte-Vierge*. — Rien de plus net que cette déclaration.

Après tout, la plaie n'est pas si grande. Le curé d'Ars veut ce que Dieu veut, il ne veut rien de plus, et pour que le monde entier reconnaisse qu'un acte surnaturel appartient vraiment à Dieu, le curé d'Ars croyant, dans sa simplicité, que Dieu est très capable de faire ses affaires, ne voit pas une plaie bien grande dans le démenti de Maximin. Un fait qui est l'ouvrage de Dieu ne peut pas plus être détruit par la main de l'homme, que la main de l'homme ne peut édifier un fait surnaturel qui ne vient pas de Dieu. Pourquoi ce langage de la raison n'est-il pas compris et pratiqué pour le fait de la Salette?

Toutefois M. Chambon persiste à trouver de l'incertitude et de l'embarras dans l'opinion de M. le curé d'Ars.

Avant de hasarder ce jugement, M. Chambon est-il allé à Ars? Non.

A-t-il écrit personnellement à M. le curé d'Ars? Non.

Sa première conviction avait été ébranlée par la confidence qu'il tenait de M. Gerin, renseigné directement par M. le curé d'Ars, cela se comprend.

Ce qu'il y a d'obscur et de difficile à expliquer dans cette objection peut-il détruire les preuves d'ailleurs si considérables et si abondantes qui nous inclinent à croire (1)?

Elle est affermie de nouveau :

1° Par le langage de Mélanie, et Mélanie est une enfant visionnaire.

2° Par les miracles qu'énumère M. Rousselot, et M. Chambon qui n'en a vérifié aucun, avoue lui-même qu'il y en a qui ne sont pas suffisamment prouvés, dès-lors son devoir est de les étudier tous.

3° Par le langage des évêques réunis à Belley.

Mais Mgr de Valence est un de ces évêques, M. Chambon est son ami. M. Chambon avant d'écrire ses articles, a-t-il pris la peine d'interroger son ami, de s'éclairer auprès de lui? Non.

Il l'a vu depuis, il s'est entretenu avec lui de l'incident d'Ars. Mgr Chatrousse professe-t-il la même opinion que M. Chambon? Non.

Je suis sûr de tous ces détails ; ils imposent la réflexion suivante :

M. Chambon croyait à la Salette, la révélation du démenti de Maximin, dont il a connaissance par M. Gerin, qui lui-même l'apprend directement de la bouche même de M. le curé d'Ars, ébranle, change sa conviction, il ne croit plus.

Sa croyance ne peut renaître qu'autant qu'il s'est convaincu de l'erreur du fait qui l'a ébranlée, ou pour mieux dire, qui l'a ruinée. Pour étudier cette erreur, il lui suffit d'aller à Ars, ou d'écrire une lettre. Il ne fait ni l'un ni l'autre.

Une circonstance providentielle lui permet trois mois après de l'étudier encore auprès de son ami, Mgr Chatrousse, une lettre lui suffit. Cette lettre il ne l'écrit pas.

Un fait qui a ruiné sa conviction première, subsiste tout entier, et cette conviction s'est ranimée, s'est rétablie !

M. Chambon peut être un rhéteur plus ou moins habile, il n'a jamais été, il ne sera jamais un philosophe. La cause confiée à son habileté ne s'affermira pas sous sa plume.

(1) M Chambon *incline* seulement à croire, il n'est donc

Je déclare que non, pour mon compte, tout en respectant la bonne foi de ceux qui professent une opinion différente de la mienne (1).

J'ajouterai, sur l'ensemble du fait de la Salette, que Mgr l'évêque de Grenoble a envoyé deux délégués à Rome, M. Rousselot, vicaire général et professeur de théologie, et M. Gerin, curé de la cathédrale, et que ces messieurs ont trouvé auprès de Sa Sainteté, aussi bien qu'auprès de personnages très compétents et très recommandables, les plus précieux encouragements (2).

---

pas pleinement convaincu ; il doit être ami de la lumière et de la discussion ; le sera-t-il ?

(1) M. Chambon, *après avoir pris des conseils qu'il respecte* (premiers mots de sa lettre), déclare qu'il RESPECTE la bonne foi de ceux qui ne pensent pas comme lui. Je prends acte de l'aveu. Bientôt nous jugerons si ses actes sont en harmonie avec ses paroles.

(2) M. Chambon affirme que les délégués de Monseigneur ont trouvé à Rome, auprès du Pape, auprès de personnages très compétents et très recommandables, les plus précieux encouragements.

Mgr l'évêque, dans un mandement qu'il communique à la catholicité entière, écrit cette phrase :

« Nous n'avons, du reste, jamais cessé d'être disposé... à « RÉFORMER sur cet objet (la Salette), comme sur tous les au-« tres, NOTRE JUGEMENT, si la chaire de saint Pierre, la mère « et la maîtresse de toutes les églises, CROYAIT DEVOIR EMET-« TRE UN JUGEMENT CONTRAIRE AU NOTRE. »

Monseigneur écrivait, après le retour de ses délégués et en prenant le parti suprême de décréter le miracle de la Salette, il n'a certainement pas déguisé tout ce qu'il avait pu obtenir du Saint-Père.

Qu'a-t-il obtenu ? Rien, puisque le jugement qu'il émet est conditionnel et subordonné à celui du Pape.

Où donc M. Chambon a-t-il pris ces précieux encouragements dont il parle ?

Et maintenant, plus qu'un mot pour finir ; je regrette vivement tous ces débats qui passionnent les esprits et qui ne peuvent qu'amoindrir la dignité et l'influence d'hommes respectables (1). Ce n'est pas l'opinion publique qui peut être juge des faits religieux, qu'elle apprécie toujours d'une façon plus ou moins rationaliste L'évêque seul a mission et qualité pour cela ; et si j'avais l'honneur d'être admis dans ses conseils, je l'engagerais à se réserver exclusivement à lui et aux commissions nommées par lui la discussion de cette affaire, et à défendre à tout ecclésiastique de

---

J'ai sous les yeux une lettre de S. E. le cardinal Franzoni à un évêque du Midi de la France. Il vient de quitter le Pape avec lequel il a parlé de la Salette et des délégués de Grenoble. Le Pape, dit-il, vient de lui déclarer que jamais il ne se prononcera pour la Salette.

M. Chambon se trompe dans son affirmation, ou Mgr de Grenoble et le cardinal Franzoni se trompent, car le premier dit implicitement, le second dit positivement le contraire de ce qu'avance M. le chanoine.

S'il y avait eu encouragement, comment redouterait-on un jugement de réforme? Ce serait un non sens, et je me garderai bien de prêter à l'évêque de Grenoble un semblable non sens.

(1) M. Rousselot a été le provocateur, M. Cartellier a été provoqué. Les termes mis à la suite de la lettre du premier (*Ami de l'Ordre*, 4 octobre) sont injurieux et grossiers ; la notice de M. Cartellier est froide à force d'être calme. Si les débats sont passionnés, ils ne le sont que par les partisans de la Salette.

Il est très vrai que la dignité et l'influence de M. le curé d'Ars ont été amoindries, en tant du moins qu'elles pouvaient l'être, par la polémique de MM. Bez, Chambon, Rousselot ; mais il est plus vrai encore qu'elles ont été relevées et rétablies par la notice de M. Cartellier. Ce dernier est donc bien innocent du fait qui contriste M. le chanoine Chambon.

rien publier pour ou contre sans son autorisation (1).

J'ai l'honneur d'être, etc.

CHAMBON, *ch.*

____

(1) Si l'évêque SEUL a mission et qualité pour être juge d'un fait religieux, pourquoi M Chambon demande-t-il que les commissions lui soient associées dans sa discussion ? ou le mot SEUL est de trop, ou les commissions, sous la plume de M. Chambon, veulent usurper un droit de partage.

Ce n'est pas tout. Un seul prêtre, M. Cartellier, a publié, non pas sur le fait de la Salette, mais sur un épisode de ce fait, sur son voyage à Ars, une notice très anodine. M. Cartellier est curé de Grenoble, il est membre de la grande commission nommée par monseigneur ; sa conscience lui fait un devoir d'étudier la question ; dans ce but, il va à Ars ; il garde longtemps le silence sur les révélations que lui a faites le curé d'Ars ; il sait que M Rousselot les a reçues aussi ; il a gémi en lisant les polémiques de MM. Bez, Rousselot, Chambon ; mais il espérait un retour à la droiture et se taisait ; il apprend, il voit qu'un tour de force se prépare, se joue à la retraite ecclésiastique ; que plusieurs de ses confrères peuvent se laisser prendre à des apparences trompeuses, sa conscience de juge s'émeut, il dit à bas bruit ce qu'il sait très bien, puisque lui seul, sur quinze juges, est allé le puiser à la source, on le fait lancer par la presse ; pour toute réponse, il publie le court récit de son voyage.

Et voilà que M. Chambon, se réservant en sa qualité de membre de la commission, le droit de discuter, sollicite contre un membre de la commission, juge comme lui, l'intervention de l'autorité de l'évêque pour prohiber toute publication non autorisée auparavant !

Mais le procès est encore pendant, les opinions sont libres, les partisans de la Salette ont fait gémir la presse par tous les bouts, toujours ils ont été autorisés, encouragés, flattés.— Un opposant dit un seul mot, ce mot est inoffensif, il suffit pour faire pâlir ses contradicteurs et le polémiste choisi par le chapitre, après avoir exprimé le regret de ne pas être admis officiellement dans les conseils de son évêque, s'y introduit lui-

Un point ressort de la dernière phrase de la lettre de M. le chanoine Chambon : — il veut que les commissions conservent le droit de discussion.

Un autre point ressortait de sa polémique avec le *Patriote des Alpes :*—la Salette avait été exploitée par l'industrie.

Ces deux points sont traités dans le chapitre suivant.

---

même pour réclamer le *veto* contre la pensée, pour faire frapper d'interdit la liberté, pour faire mettre en état de siége la conscience! Et c'est de la sorte que M. Chambon nous prouve qu'*il incline* seulement à croire, qu'*il respecte la bonne foi* de quiconque ne pense pas comme lui! En vérité, c'est trop fort.

La voix de M. le chanoine est entendue, sa lettre est publiée le 10 octobre. Une circulaire épiscopale du même jour, défend *expressément* à tous les prêtres du diocèse de faire, sans autorisation préalable, aucune publication directe ou indirecte.

Je ne juge pas l'initiative prise par M. Chambon, je n'en ai pas le droit ; il a cru remplir un devoir de conscience et la conscience ne relève que d'elle-même. Mais si j'avais l'honneur d'être prêtre, si en cette qualité j'avais été assez mal inspiré pour écrire, pour faire imprimer le dernier paragraphe de sa lettre, en le lisant le lendemain dans un journal, le papier en aurait été baigné de mes larmes ; chaque fois que j'aurais rencontré un prêtre, j'aurais détourné mes regards dans la crainte de lire dans ses yeux l'arrêt de ma condamnation ; mon visage serait devenu pourpre, car ce prêtre aurait eu le droit de voir en moi l'exécuteur de sa pensée, de sa dignité, de sa liberté et de sa conscience, et si jamais une mesure sévère, à plus forte raison une mesure de proscription avait été prise contre l'un de mes confrères, à la suite de ma malheureuse intervention, mon œil n'oserait plus fixer le ciel, et jusqu'au moment où je serais assez heureux pour entendre une réponse généreuse et amie, de ma poitrine oppressée par la douleur et le remords, s'échapperait un seul cri, une seule prière, celle du sauveur sur la croix. — Frère.... Pardonne....

Je l'ai entendu répéter bien souvent, — il y a des grâces d'état, — j'en félicite M. Chambon, je ne lui envie pas celle-là, je n'ai pas la vertu de l'admirer.

CHAPITRE IX.

L'incident d'Ars, sans importance pour quiconque croit, avec le monde entier, que la parole de deux enfants ignorants doit toujours et dans tous les cas être accueillie avec réserve et défiance ; d'une importance capitale pour les croyants à la Salette, qui ont voulu asseoir ce dogme sur l'invariabilité du témoignage des deux enfants *miraculés*, cet incident, dis-je, devait être vidé préalablement à toute autre question ; cette tâche est remplie, elle l'est avec des détails qui excluent jusqu'à l'apparence du doute. — Le témoignage de Maximin a varié ; sans valeur réelle avant cette variation, il abaisse par cette variation la scène du 19 septembre 1846 au niveau d'un conte oriental et jusqu'au moment où, finissant par où ils auraient dû commencer, MM. Rousselot, Bez et Chambon auront repris, en compagnie de Maximin, le chemin d'Ars, auront mis en présence l'enfant qui a eu le talent de jeter sur eux une espèce de sort, car ils ont été aveugles jusqu'au délire, et l'homme de Dieu qu'ils ont flagellé, conspué, dévoué au ridicule et qui les attend dans le calme de sa conscience ; jusqu'à ce moment la question est jugée, Maximin s'est démenti : l'amour-propre ou la mauvaise foi peuvent seuls soutenir et défendre l'événement de la Salette.

Jetons un coup d'œil rapide sur les fondements ruineux qui ont présidé à son existence dogmatique, et nous acquerrons la preuve que, dès les premiers jours, l'homme consciencieux et grave, le chrétien selon le cœur de Dieu n'a pas pu, n'a pas dû hésiter un seul instant pour rejeter une croyance qui met en péril tous les faits miraculeux dont nous devons la connaissance au témoignage de l'Eglise depuis dix-huit siècles.

Deux mois s'étaient à peine écoulés depuis le 19 septembre 1846, et déjà deux commissions ecclésiastiques étaient nommées pour donner leur avis ; les chanoines de la cathédrale composaient la première, la deuxième était formée des professeurs du grand séminaire.

Pourquoi cet empressement ?

Les instruments de *l'apparition* étaient faibles par leur âge, par leur ignorance, par les tristes qualités qu'ils avaient révélées jusqu'à cette date 19 septembre, dès lors un devoir impérieux exigeait que le temps, un temps assez prolongé vînt fortifier la faiblesse de ces instruments, que les soins de l'homme ne vinssent pas se mêler à l'œuvre de Dieu pour la dénaturer, afin que chacun interrogeant plus tard sa conscience et sa raison, fût obligé de se dire à soi-même : *Oui, le doigt de Dieu était là !*

Cette voie était la seule à suivre, elle est la seule qui a été entièrement mise de côté.

Quinze jours ne s'étaient pas écoulés encore, et l'imprudence de M. le curé de la Salette, qui, le 20 septembre 1846, avait le premier annoncé à ses paroissiens, du haut de la chaire, l'apparition de la veille, était protégée par Mgr l'évêque, qui à son tour portait la bonne nouvelle aux religieuses de la Providence réunies pour leur retraite annuelle, et huit jours plus tard, toutes ces institutrices, rendues à leurs travaux habituels et à leurs écoles, communiquaient sur la foi de leur évêque un fait que leur piété respectueuse ne leur permettait pas de révoquer en doute, et trouvaient, dans leurs 15,000 élèves, des messagères au profit de toutes les localités et de toutes les familles du département.

Dans le même moment, Mélanie et Maximin étaient placés dans la maison des religieuses de Corps, ils perdaient la liberté, mais ils étaient arrachés à la misère, et comme leur avenir nouveau datait du 19 septembre et de la montagne de Fallavaux, il fallait que le 19 septembre et la montagne sur laquelle était située la vallée du mensonge, il fallait que les paroles du curé Perrin à ses paroissiens, celles de l'évêque aux sœurs de la Providence fussent rapidement arrachées au droit commun et protégées par le prestige d'une information sérieuse : De là l'empressement à nommer les deux commissions d'examen.

La première comptait alors dans son sein une de ces intelligences d'élite, dont le passage sur la terre est toujours trop abrégé ; l'avis de M. le chanoine Bois fut facilement accueilli par tous ses confrères ; il constitua tout le rapport de la commission des chanoines.

1° Ce rapport indique *qu'il faut s'abstenir de toute décision sur ledit événement ;*

2° *Il ne voit pas sur quoi pourrait porter une décision approbative;*

3° Contrairement à la thèse soutenue plus tard par M. Rousselot, il indique que les enfants ont pu être TROMPEURS OU TROMPÉS;

4° Prévoyant, pour ainsi dire, le démenti de Maximin à Ars; il repousse comme contraire *à la raison* et surtout *à la prudence*, une *décision de l'autorité, décision authentique et solennelle* basée *sur le seul témoignage de deux enfants*; témoignage qui, *après une décision affirmative de l'autorité* pourrait être entièrement infirmé par la *déclaration des enfants*, ou DE TOUT AUTRE, *qu'il n'y a rien de vrai dans le récit du 19 septembre 1846;*

5° *Il professe que, même en admettant la vérité du récit des deux enfants, l'autorité n'a pas à intervenir;*

6° *Que le personnage de l'apparition n'ayant pas même dit aux enfants de faire part de leur récit à l'autorité, ou de rien lui demander,* la mission des enfants est en dehors de *l'autorité, qui n'a pas à se prononcer et qui doit laisser libres d'y croire ceux qui y découvrent des preuves suffisantes et ne pas blâmer ceux qui s'y refusent par des motifs contraires;*

7° Le rapport, après avoir émis le même avis au sujet des événements subséquents qu'on allégua en confirmation du fait principal, *émet le vœu que Monseigneur fasse faire une enquête* JURIDIQUE *pour mieux apprécier les faits.*

Pendant que la commission des chanoines déposait son rapport plein de réserve, de modération et de sagesse, la commission des professeurs du grand séminaire s'exécutait de son côté, son travail se recommandait par les mêmes qualités. Plus habitués par la nature de leurs occupations à préciser les questions, ses membres opinaient *qu'il leur semblait prudent et même* NÉCESSAIRE *de ne prendre aucun* PARTI DÉFINITIF *jusqu'à ce qu'on eût pu acquérir* UNE CERTITUDE PLEINE ET ENTIÈRE *sur la réalité et la nature du fait*.

Ils appréciaient à sa valeur exacte le témoignage des deux enfants, ne trouvaient ni dans *leur récit, ni dans les miracles allégués à l'appui* un motif de sécurité; ils allaient même jusqu'à dire que *(certains articles inspiraient de la défiance sur la vérité des paroles de la dame)*. (M. Rousselot, *nouveaux documents*, pages 13, 14, 15 et 16).

Tout cela se passait au mois de décembre 1846. Les enfants étaient renfermés dans leur pensionnat providentiel, une neige de deux mètres d'épaisseur couvrait la montagne, et jusque vers la fin de mai 1847, aucun pèlerin ne se dirigeait de son côté.

Le retour des chaleurs ramena quelques visiteurs à la Salette; pour quiconque connaît les habitudes des montagnards des Hautes-Alpes, qui à chaque fête patronale font 15, 20, 25 kilomètres, afin de se rendre à l'une des paroisses voisines, ces rares visites de la montagne Fallavaux n'ont rien qui surprenne; mais ce qui a lieu de surprendre, c'est que tout à coup, sans qu'aucun fait particulier se soit produit sur les lieux mêmes, sans qu'aucun événement un peu extraordinaire, au moins par les apparences, se soit révélé, apparaît une ordonnance épiscopale nommant M. le vicaire général Rousselot et M. Orcel, supérieur du Grand-Séminaire, commissaires pour procéder à une enquête juridique.

Munis de cette ordonnance, les commissaires se

mettent en route, ce n'est pas à la Salette qu'ils portent leurs premiers pas ; la montagne s'est montrée jusqu'à ce jour fort ingrate en fait de miracles ; ils vont dans le Midi de la France ; ils parcourent neuf diocèses, ils interrogent cà et là quelques personnes pieuses ; ils n'apportent pas même dans leur investigation les précautions prises par une administration civile lorsqu'elle fait ouvrir une enquête *de commodo et incommodo* ; ils ne constatent aucune réflexion, aucune observation qui leur ait été adressée par quelque incroyant (pages 33, 34, de *la Vérité sur l'événement*), et après avoir récolté un dossier assez volumineux, que j'analyserai au chapitre des miracles, ils rentrent à Grenoble.

Une commission est formée par Mgr de Grenoble, elle se compose de seize membres (la *Vérité sur l'événement*, page 22), les deux vicaires généraux, les huit chanoines, le supérieur du Grand-Séminaire et les cinq curés de la ville. Sa mission est d'étudier l'enquête de MM. Rousselot et Orcel et de prononcer un jugement sérieux et en quelque sorte doctrinal.

On se demande d'abord comment MM. Rousselot et Orcel, commissaires enquêteurs, sont en même temps membres de la commission, c'est-à-dire parties et juges, — ministère public et tribunal.

On se demande en second lieu comment les professeurs du Grand-Séminaire, constitués l'année précédente en commission, sont exclus de la commission nouvelle. Ils s'étaient livrés à de premières études, ils pouvaient éclairer la discussion, faire ressortir les raisons de leur appréciation, contribuer à projeter la lumière ; ils remplissent une mission de confiance, puisque l'enseignement de la théologie et de l'écriture sainte leur est exclusivement confié ; tous ces motifs

militaient pour leur admission dans la grande commission, ils n'en sont pas moins exclus. Voyons comment
les élus vont procéder.

LIBERTÉ DES DISCUSSIONS A L'ÉVÊCHÉ.

Il s'agit d'un fait qui intéresse la religion, dès lors
la discussion doit être grave, sérieuse, approfondie,
on ne doit se rendre qu'à l'évidence, on ne doit céder
qu'à une conviction profonde. Cette conviction ne peut
être produite que par un examen libre et consciencieux de tous les détails qui se rattachent au fait principal. Cet examen a-t-il été fait ?

Dans la deuxième conférence, un curé de la ville
parle des révélations qu'il a reçues lui-même sur la
montagne de la bouche des enfants, relativement à
l'apparition d'une dame noire quelques jours avant
celle de la dame blanche. « C'EST DE L'IMPIÉTÉ, lui
répond avec violence l'un de ses confrères et parmi
les seize membres qui entendent cette inqualifiable
apostrophe, il n'en est pas un seul, pas même le président, qui rappèle à la douceur chrétienne le trop
zélé contradicteur ; qui fasse respecter, dans un moment aussi solennel, la liberté, la conscience, la dignité
du juge qui recherche la lumière ! L'observateur ainsi
apostrophé se tait, il avait pris sa mission au sérieux,
il s'était trompé.

Le lendemain, le cours de la discussion l'appelle à
adresser une question, ou plutôt, une observation nouvelle. Mélanie lui a fait la confidence de la protection
providentielle dont elle a été l'objet et du flambeau
miraculeux que Dieu lui a ménagé dans une soirée
obscure pour éclairer ses pas jusque chez son maître.

Il parlait encore, et déjà il était gourmandé par un, deux, trois membres de la commission. On lui reproche la fécondité de son imagination, sa propension à inventer, on l'accuse de s'aveugler chaque jour davantage, on nie le fait comme on avait nié celui de la veille. Juge consciencieux et ami de la vérité, le curé entend, gémit et se tait. Que pouvait-il, seul en quelque sorte, contre une majorité qui ne discutait pas?

Le jour arrive enfin où les deux enfants comparaissent devant la commission, on les interroge sur beaucoup de choses, mais on se garde bien d'aborder les deux faits de la lumière miraculeuse et de la dame noire; heureusement le curé qui les avait avancés était là, il veillait; il demande la permission d'adresser, à son tour, une question, et, sur-le-champ, il renouvelle sa double assertion. Les enfants avouent: le curé avait raison, il tenait à faire constater sa véracité, à établir, en fait, la différence qui existe entre le juge qui veut s'éclairer et le juge qui poursuit la souveraineté du but; il obtient ce résultat et se renferme dans un silence profond.

Cet aveu des enfants était un point capital. Il devait être consigné dans le rapport de la commission, dans l'ouvrage de M. Rousselot, c'était pour les membres de la commission le moyen unique de se poser devant l'opinion publique comme juges droits et consciencieux. Ce moyen est dédaigné, le rapport n'en dit mot non plus que M. Rousselot, cette révélation aurait nui au MIRACLE de l'apparition. Et c'est ainsi qu'on écrit, qu'on veut imposer l'histoire?

Un autre curé de la ville profite du moment où les deux enfants sont en présence de la commission pour les interroger publiquement sur l'impression qu'ils ont ressentie en voyant la dame blanche, sur l'emploi de leur temps après sa disparition soudaine. Avez-vous, leur dit-il, rejoint sur-le-champ vos camarades de la montagne? — Oui, monsieur. — Les avez-vous entretenus de l'apparition que vous veniez d'avoir? — Non, monsieur. — Ne leur en avez-vous rien, absolument rien dit? — Non, monsieur. — Et en descendant avec eux de la montagne, c'est-à-dire en marchant près de deux heures avec eux, vous ne leur en avez pas parlé? — Non, monsieur. — Mais alors, que faisiez-vous? — Nous jouions comme d'habitude. — Et la figure de la belle dame ne vous préoccupait pas? — Nous n'y pensions pas même.

Surpris, le curé interrogateur, fait observer que rien n'est moins naturel qu'une conduite semblable; qu'il est au contraire, dans le caractère des enfants lorsqu'ils sont vivement impresionnés, de parler à tort et à travers de l'objet qui les a frappés, de ne connaître ni réserve, ni ménagement. Personne ne lui répond. Il renouvelle son observation. Le président parle alors, mais pour prononcer la prière qui termine la séance et la discussion. M. Rousselot n'avait pas encore préparé sa réponse, il nous la donne (page 25 de *la Vérité sur l'événement*). Mélanie s'était crue obligée de parler de la merveille d'abord à ses maîtres et de leur demander, avant toute communication à ses compagnes, quel était le peuple auquel elle devait faire passer le récit de la *dame*.

Mais son maître est un brave homme qui n'a pas cru au récit de Mélanie (M. Rousselot, page 46), qui est assez ignorant pour avoir eu besoin du ministère d'un juge supléant de Montélimart, M. Dumanoir, afin de rédiger, 14 mois après l'apparition, une courte et insignifiante déclaration (M. Rousselot, page 50). Comment ce brave homme a-t-il pu satisfaire à la demande de Mélanie et, incroyant à l'apparition, par conséquent à la Ste-Vierge de la Salette, indiquer à Mélanie ce que signifiaient ces mots : *faire passer à mon peuple?*

La difficulté résultant de ces deux rapprochements ne se présente pas sur la même page, cela suffit à la foi robuste de M. Rousselot.

Une pensée se présente naturellement ici :

Comment la dame qui avait abandonné le langage français pour prophétiser en patois, pour menacer en patois et cela afin d'être comprise reprend-elle son langage français, c'est-à-dire inintelligible pour les deux enfants, au moment où elle va prononcer les mots en quelque sorte sacramentels de son apparition ?

Si elle avait su se faire comprendre, Mélanie et Maximin obéissant à leur nature enfantine, auraient parlé sur-le-champ de la dame à leurs camarades, ils n'auraient pas eu besoin d'attendre que *M. le curé eût rappelé leurs souvenirs*, ils n'auraient pas rendu dès le principe, leur scène du 19 septembre 1846, suspecte à tout homme de sens. Ils n'auraient pas ouvert eux-mêmes la voie du ridicule pour aboutir, avec leurs adhérents, à l'absurde.

APPRÉCIATION DES JUGES.

Si les discussions, toujours dirigées dans le sens que nous venons de signaler, n'étaient pas approfondies sur les points essentiels, sur ceux qui devaient fixer l'opinion des juges par rapport au caractère des enfants, à la confiance que pouvait mériter leur témoignage, pierre angulaire sur laquelle on tenait à élever l'édifice de la Salette, en revanche on les promenait sur des principes de haute philosophie à l'enterrement desquels procédait gravement la majorité de la commission.

Ainsi dans les deuxième, troisième et cinquième conférences, *on établit rigoureusement* et on décide « que
« la certitude morale et une très grande probabilité
« sont parfaitement identiques et ont absolument la
« même signification ; 2° que pour la certitude d'un
« fait, il n'est pas nécessaire d'avoir un grand nom-
« bre de témoins, mais qu'un petit nombre suffit,
« quand ils offrent d'ailleurs les autres conditions de
« critique qui rendent le témoignage indubitable. »
(M. Rousselot, 1er ouvrage, page 26).

Cette thèse a pour argumentateur M. Orcel, supérieur du Grand-Séminaire, et elle a pour but de contraindre les opposants à reconnaître que le témoignage des deux enfants est suffisant pour l'établissement du miracle (M. Rousselot, page 24).

Mais M. Orcel était, en 1846, président de la commission des professeurs du Grand-Séminaire. Il déposait alors dans son rapport (M. Rousselot, *nouveaux documents* page 16) : « qu'il lui semblait NÉCESSAIRE
« que l'autorité ne prît aucun parti définitif jusqu'à
« ce qu'on eût acquis une certitude pleine et entière
« sur la réalité et la nature du fait en question.— Il
« ajoutait qu'il lui semblerait imprudent de faire du
« témoignage des enfants la base d'un jugement décla-
« ratif du miracle, à moins qu'il ne fût *singulière-
« ment* confirmé et *rendu inattaquable* par l'examen
« intrinsèque de ce que disent les enfants et de la
« manière dont ils le disent, etc. »

M. Orcel de 1847 est loin d'être le même que M. Orcel de 1846.

En 1846, il était dans le vrai.

En 1847, il est dans une erreur complète.

En 1846, il voulait une certitude pleine et entière, il voulait que le témoignage des enfants fût rendu inattaquable par l'examen intrinsèque de leur langage.

Ce langage s'est produit, en sa présence, dès les deuxième, troisième et quatrième conférences.

Les deux enfants ont reconnu qu'ils avaient déclaré avoir eu sur la montagne une autre apparition d'une dame noire ; Mélanie a reconnu de plus qu'elle avait déclaré avoir eu la protection d'une lumière miraculeuse : Maximin, de son côté, a reconnu avoir parlé à plusieurs pèlerins de pierres qui, suivant le langage de la belle dame, étaient jetées par les garçons de Corps aux filles de l'école, il a reconnu en outre que, plus tard, il a nié à quelques-uns, il a avoué à quelques autres avoir prêté ces propos à la belle dame. Ces variations de langage, cette succession de visions diverses, ces aveux devenant dénégations, ces dénégations devenant aveux, sont-ils donc pour M. Orcel cet *examen intrinsèque* qui *confirme singulièrement* et *rend inattaquable* le témoignage des enfants, jusque-là insuffisant à ses yeux pour être la *base d'un jugement déclaratif du miracle ?* Constitue-t-il la certitude pleine et entière qu'il réclamait en 1846? Constitue-t-il au moins cette très grande probabilité qu'il élève, que la commission élève avec lui à la hauteur de la certitude morale? Je l'ignore et je n'ai pas à m'en enquérir, mais philosophe, j'ai le droit de protester contre une hérésie qui blesse le sens commun, qui viole toutes les idées reçues et qui, dans cette circonstance, est un tour de force au profit du dogme malheureux de la Salette.

Non ! *la certitude morale et la très grande probabilité* ne sont pas PARFAITEMENT *identiques ;* non ! elles n'ont pas ABSOLUMENT *la même signification.*

La certitude exclut le doute.

La probabilité, quelque grande qu'elle soit, ne l'exclut pas.

Un jugement qui repose sur des probabilités trouve le sage qui l'a prononcé toujours disposé à accepter la lumière à l'aide de laquelle il le réformera ; car il n'a pas pour lui le repos ABSOLU de la conscience.

Un jugement qui repose sur la certitude confirme ce repos absolu, et celui qui l'a prononcé ne pense pas même qu'une réforme soit possible.

Entre la certitude et la très grande probabilité, il y a nécessairement une différence, quelque faible qu'on veuille la supposer.

Partout où cette différence existe, le vrai philosophe ne proclame pas une *identité parfaite, une signification absolument la même.*

Le philosophe qui a ce triste courage peut, par une progression continue, à l'aide du principe qu'il pose, être amené à reconnaître que la vérité, premier anneau d'une chaîne, finira par être identique avec l'erreur, dernier anneau de cette même chaîne.

Cette conséquence répugne à la droiture de M. Orcel, et pourtant elle est rigoureuse. — Pourquoi défendait-il une mauvaise cause ? Pourquoi cette mauvaise cause ne pouvait-elle s'étayer que sur un principe essentiellement faux ?

M. Orcel est l'un des membres principaux de la commission, il est jugé par ses doctrines ; jugeons maintenant les autres, c'est un droit et un devoir.

Les deux vicaires généraux d'abord.

L'un d'eux, M. Berthier, est, de tous les prêtres du diocèse, le plus opposé au miracle de l'apparition. Il l'est tellement que, chargé, en juin 1850, de remplacer son évêque au concile de Lyon, non-seulement il a exprimé son opinion à ses confrères du concile, mais encore il leur a lu des notes recueillies à la suite des diverses séances de la commission. Il a fallu que sa conviction fût bien profonde pour qu'il ait ainsi rompu le silence et rendu la terre lyonnaise inhospitalière au miracle de la Salette dans une circonstance où il ne s'appartenait pas à lui-même, où il remplaçait son évêque, où il le personnifiait en qualité de juge de la foi. Les convenances, la délicatesse, la confiance dont il était investi par son évêque lui faisaient un devoir de se taire, puisqu'il ne pensait pas comme lui ; sa conscience ne le lui a pas permis. Son opinion sur la Salette n'a pas changé ; car, au moment où le mandement du 19 septembre 1851 est lancé dans le public, il le reçoit avec accompagnement d'une lettre d'explication, je pourrais dire d'une lettre d'excuse de la part de son évêque, et sur-le-champ il lui répond, il déplore par écrit, comme déjà il l'a fait de vive voix, comme il l'a fait à plusieurs reprises, le parti adopté par son évêque.

M. Berthier n'est sûrement pas un des juges favorables à la Salette, et M. Berthier, tout le monde le sait, est la clé de voûte de l'administration diocésaine de Grenoble.

Son collègue M. Périer est très favorable à la Salette, mais M. Périer ne parle, ne pense jamais que par son évêque ; c'est à cette vertu de persévérante abnégation pratiquée pendant 20 ans, comme aumônier particulier du prélat, qu'il est redevable d'une position à laquelle il ne pouvait prétendre, qui a surpris, qui étonne aujourd'hui encore tout le monde. M. Périer fait nombre parmi les 16 de la commission, il ne fait, il ne peut rien faire de plus.

Passons aux chanoines.

En 1846, ils ont pensé et agi tout autrement qu'en

1847. Cette variation est-elle légitimée par quelque fait particulier, par quelque incident nouveau ? J'ai le droit de l'examiner.

M. le chanoine Bois, qui avait inspiré le rapport de 1846, avait cessé d'exister, avec lui les lumières du chapitre s'étaient éteintes en grande partie, et jamais, s'il avait vécu, on n'aurait essayé de transformer la probabilité en certitude et de porter au monde entier ce singulier défi.

« Deux voyageurs graves et sérieux qui rapporteraient, dans l'ordre des choses possibles et naturelles, un événement difficile à croire, ne présenteraient qu'un témoignage probable, ainsi l'a voulu la sagesse humaine. Deux enfants visionnaires et menteurs, dont le monde entier repousserait le langage, rapportent un fait surnaturel, incroyable, nous élevons leur témoignage à la hauteur d'une certitude et nous décrétons un dogme nouveau, ainsi le veut notre mystérieuse puissance. »

Ce tour de force est cependant la base sur laquelle reposent la Salette et son miracle, en 1847, *de par* la majorité de la commission.

Ennemi de toute discussion personnelle, je laisse en repos les 6 chanoines qui ont eu la prudence de faire les morts, je m'attache aux deux qui se sont produits sur la scène. Leur nom, leur doctrine, appartiennent à la discussion publique.

1° M. Rousselot, chanoine et vicaire général.

Auteur de 3 ou 4 opuscules sur la Salette, M. Rousselot déguise avec soin les vérités qui seraient capables d'éclairer le public, il inscrit des miracles qui n'ont existé que dans son imagination, il établit des principes d'une morale démoralisatrice ; contradiction, erreurs, mensonges se pressent sous sa plume, déjà j'en ai signalé plusieurs, d'autres le seront encore dans les chapitres qui vont suivre. M. Rousselot n'est pas un juge consciencieux, la vérité ne l'inspire pas, son opinion ne saurait commander la confiance, ou éclairer la question.

2° M. le chanoine Chambon.

Il intervient dans la presse à 4 ou 5 reprises différentes, il intervient *au nom de tout le chapitre*. Il dit pour lui tout ce que le chapitre pourrait dire, dès lors juger M. Chambon, c'est juger le chapitre entier et c'est le chapitre qui l'a voulu.

En 1847, le témoignage de Mélanie et de Maximin avait été élevé à la hauteur de la certitude ; cette décision philosophique était le fondement sur lequel était assis le miracle de l'apparition ; le fondement ébranlé, le miracle l'était également. Tous les efforts du chapitre devaient tendre à consolider ce fondement imaginé, pour la première fois dans la longue vie des hommes, à Grenoble et au dix-neuxième siècle. Une circonstance providentielle permet à M. le curé d'Ars de renverser d'un seul mot ce fondement ruineux. A l'instant, M. Chambon s'adresse à la presse, il attaque corps à corps le vénérable et saint curé, il le fait avec ménagement, sans doute, mais ce ménagement a quelque chose de cruel : il tend à abaisser dans l'estime des hommes un prêtre que tous les hommes vénèrent. Pour atteindre ce but, M. Chambon joue sur l'incident de Belley qui avait greffé l'incident d'Ars, il fait de l'indignation à froid sur l'accusation d'industriel dirigé contre un des siens, et, malgré tous ses efforts, toute sa verve, il se fait battre par le *Patriote des Alpes*. — L'incident d'Ars reste debout.

Une notice de quelques lignes voit le jour ; elle éclaire sur le voyage de Maximin à Ars, elle ruine toute l'argumentation de M. Chambon. Sur-le-champ, M. le chanoine, encore meurtri des coups que lui a portés le *Patriote*, tremblant de se trouver en face d'un adversaire loyal (il est prêtre), d'un adversaire redoutable (il est allé s'inspirer de la vérité auprès de M. le curé d'Ars), M. le chanoine recourt à une argumentation suprême, il la consigne dans les journaux, car il craint que quelqu'un l'ignore; il réclame de l'autorité de son évêque qu'un interdit universel soit lancé sur la pensée des prêtres; il assume sur sa tête la responsabilité de cette provocation le 8 octobre 1851, pour que, le jour où on se décidera à jeter dans le public le mandement doctrinal discuté en chapitre et non en commission; arrêté, imprimé depuis le 19 septembre précédent; au nom de M. Chambon, chaque prêtre du diocèse soit préparé à entendre résonner à ses oreilles, pour un fait qui jamais, dans aucune circonstance, ne peut être d'une croyance obligée, la maxime impie de Mahomet : « Crois ou meurs. »

Voilà M. le chanoine Chambon tel qu'il s'est révélé au public, tel qu'il a produit au grand jour le chapitre au nom duquel il écrivait.

Abus de la pensée par la décision anti-philosophique de 1847 ;

Abus de la parole par les discussions de l'incident d'Ars ;

Abus de la force par le mandement du 19 septembre, par la lettre du 8 octobre, par les faits qui ont suivi et que je signalerai plus tard.

Ce n'est pas là de la discussion, ce n'est pas là la voie qui conduit à la vérité. Le chapitre a voulu, a imposé ; il n'a pas jugé.

Venons aux cinq curés.

A leur tête est M. le curé de la cathédrale; il a été le premier confident de M. le curé d'Ars, après le démenti de Maximin; mais il a racheté cette faute en portant à Rome le secret des enfants. — D'où vient cette contradiction dans sa conduite?

Elle a sa source dans une opinion arrêtée bien long-temps à l'avance, et dont nous devons la connaissance à M. Rousselot.

J'ouvre son premier ouvrage, page 99, je lis :

« Un prêtre de nos amis, qui faisait partie de l'immense concours de ce grand jour, élevant la voix au milieu de cette foule, ne put s'empêcher de s'écrier : *Si la sainte Vierge n'a point apparu sur cette montagne, elle est obligée de s'y montrer aujourd'hui. Si elle ne s'y montre pas, c'est qu'elle y a apparu.* Tous ceux qui purent entendre cette exclamation y répondirent avec le même élan : *Oui, c'est vrai.* »

Ce prêtre, ami de M. Rousselot, n'est autre que M. Gerin. Il a été entendu par plus de mille pèlerins réunis sur la montagne le 19 septembre 1847. M. Rousselot, M. Gerin lui-même ont déclaré que ce mouvement oratoire lui appartenait. Sur ce point, il ne saurait y avoir de doute.

M. Gerin est un prêtre selon le cœur de Dieu, il brille par l'excès de sa charité; il est à la tête de toutes les entreprises utiles, mais il est fanatique du culte de Marie, et dès que pour le propager il n'a pas à son service d'autre argument que celui du 19 septembre 1847, il est assurément plus riche par le cœur que par la tête. — Il ne peut pas aspirer aux qualités de juge.

Après M. Gerin vient M. le curé de Saint-Laurent.— Lui aussi est favorable à la Salette, mais il l'est à sa manière douce et humble, il ne parle pas, il n'émet pas d'opinion en public, depuis 20 ans, il pense en tout comme M. Chambon, comme M. Rousselot. Sur ce point il ne se sépare pas de ses amis, ou plutôt de ses maîtres.

Les trois autres curés de la ville sont aussi membres de la commission, tous les trois sont opposants à la Salette, leur opinion a été manifestée au sein de la commission, ils ont cherché la lumière, ils ont provoqué la discussion, ils n'ont rien obtenu et tout le monde, dans la ville comme dans le diocèse, sait fort bien que les uns et les autres sont à la tête du clergé par leur intelligence et leur instruction.

Ainsi la commission se composait de seize membres.

Deux vicaires généraux, le plus capable est opposé à la Salette.

Cinq curés de la ville. Les trois plus intelligents, opposés à la Salette.

Le supérieur du Grand-Séminaire, nous avons un échantillon de sa HAUTE philosophie.

Les huit chanoines, ils ont affirmé en 1847 ce qu'ils avaient nié en 1846.

Deux des leurs, MM. Rousselot et Chambon, nous ont initiés aux secrets de leur dialectique, ils se sont ménagés une défaite radicale sur le seul point qu'ils ont osé aborder. Sur tous les autres points, ils ont fait prononcer par l'autorité un *veto* absolu; — seul moyen de ne pas succomber.

Comment concilier leurs opinions contradictoires? Comment expliquer l'interdiction de la pensée sur un fait qui, de sa nature, ne peut pas être l'objet d'un jugement doctrinal, qui, toujours et dans tous les temps, doit rester livré à la libre appréciation de toutes les intelligences, qui jamais ne peut obliger la conscience?

Homme, il faudrait avoir la pénétration du sphynx;

sage, il faudrait avoir le don de lire dans les cœurs pour pouvoir dérouler cette énigme ; et comme la clé mystérieuse échappait à tout le monde, tout le monde aussi formait de tristes conjectures et opérait de fâcheux rapprochements.

J'ai vengé M. Reymond, vicaire d'Ars, des accusations perfides dirigées contre lui par les polémistes de la Salette, je vengerai à leur tour M. Rousselot et la majorité de la commission des inculpations qu'on répète à bas bruit et dont le caractère est tellement odieux, que mon devoir est de les signaler et de les flétrir.

Il est vrai que M. Rousselot, homme à projets s'il en fut jamais, mais qui toujours eut en vue le bien public, a élevé un commerce de librairie dans lequel il a perdu beaucoup d'argent ; plus tard a fondé un hôtel religieux et y a perdu beaucoup d'argent encore ; une bibliothèque chrétienne publique et gratuite, un cercle, et que partout il a perdu, beaucoup perdu. Il est vrai qu'il compte dans la majorité de la commission beaucoup de créanciers sans fortune et qui ont garanti à son profit des sommes assez fortes ; il est vrai que dans le nombre, il en est qui se sont tirés d'embarras en prenant et en vendant pour leur compte plusieurs centaines d'exemplaires de son premier ouvrage sur la Salette ; il est vrai que les autres ne pourront se liquider qu'autant que son premier ouvrage et les autres sur le même sujet se vendront ; il est vrai que cette vente, après l'incident d'Ars, était entièrement tombée et que le mandement du 19 septembre peut seul lui rendre un peu de vie : mais il est tellement odieux d'attribuer à cette spéculation impie, surtout le mandement du 19 septembre, pièce à jamais regrettable dans le fond et dans la forme, que je proteste avec indignation contre cette imputation que la religion flétrit et que l'honneur réprouve.

Je proteste avec une indignation d'autant plus vive, que malgré le mandement, je dis plus, à cause du mandement, et je l'établirai au chapitre V, 2e partie, l'incident d'Ars subsiste tout entier ; cet incident, qui, d'après M. Rousselot, est un malentendu ou quelque chose de semblable. Mais pour faire cesser un malentendu, il n'est qu'un moyen, provoquer une explication entre M. Vianay et Maximin. Ce moyen si facile n'a pas été pris ; il y a plus, il a été rejeté parce qu'on ne voulait pas se déjuger, le malentendu reste donc. Avec le malentendu naît le doute sur les bénéfices résultant de la vente des brochures ; le doute entraîne avec lui l'illégitimité du gain et la conscience ne peut pas se l'approprier, il revient de droit naturel et religieux aux pauvres.

Toutes les brochures vendues depuis le mois de novembre 1850, vendues avant comme après le mandement, ne peuvent profiter qu'aux pauvres. M. Rousselot le sait fort bien, et professeur émérite de théologie, il a trop de sens pour changer l'espèce de ses créanciers, trop de conscience pour percevoir un seul centime de bénéfice sur une vente douteuse et dès lors prohibée, et c'est pour cela que j'ai protesté, que je proteste encore contre les bruits ignobles auxquels ont donné lieu sa position financière, et celle de quelques-uns de ses collègues de la commission envers lui.

Cette thèse des bénéfices illégitimes est vraie pour l'eau de la fontaine expédiée et vendue comme elle est vraie pour les livres.

—Jusqu'à l'incident d'Ars, tant pis pour quiconque s'est laissé prendre ! La spéculation se faisait en toute liberté ; dès lors il y avait bonne foi. La curée toutefois avait été abondante, si on en juge par la révélation de M. le curé Melin à Mgr de Gap en juin 1850.

Sa grandeur prenait un repas à la cure de Corps, on parlait de la Salette et pour prouver que le miracle faisait des progrès étonnants, M. le curé avoua que la vente de l'eau expédiée par ses soins dépassait 40,000 fr. Mgr Deperry se refusa à croire, M. Melin persista et l'évêque, homme d'esprit, mais avant tout homme de conscience, répliqua immédiatement : « Si cette parole avait été proférée par tout autre, je n'y ferais nulle attention, mais elle sort de votre bouche, Monsieur le curé, je l'inscris sur mes tablettes. »

Mgr de Gap n'aurait pas hésité un seul instant s'il avait connu le prix fabuleux auquel les bouteilles avaient été vendues, et pour ne citer qu'un acheteur entre mille, M. l'abbé Challuau, vicaire de Notre-Dame de Grenoble, a payé deux bouteilles 35 francs, encore réclamait-on de lui, pour surcroît de paiement, un missel ou une chasuble.

Mgr de Gap n'avait vraiment pas tort de ne pas croire à la possibilité d'un prix aussi énorme. Sous ses yeux, un baril avait été rempli à la fontaine publique de Corps et remis au conducteur de la diligence avec une adresse et l'indication du chiffre de 15 fr. à réclamer POUR EAU DE LA SALETTE.

Celle-là du moins avait été puisée à une source abondante et facile.

—Depuis l'incident d'Ars, tant pis pour quiconque a poursuivi des ventes que la bonne foi ne protégeait plus ! Le bénéfice en résultant ne peut appartenir qu'aux pauvres ou il faut réformer l'enseignement de la théologie, et une décision doctrinale, dont le bon sens aurait bientôt fait bonne et prompte justice, ne suffirait pas pour cela.

Voilà les principes, voilà le droit.

CHAPITRE X.

Miracles cités par M. Rousselot, — Acceptés par la majorité de la Commission. — Ils prouvent contre la Salette. — Un démon incube ou succube.

M. Rousselot, pour faire adopter le miracle de la Salette, avait soutenu une thèse désespérée.

Deux enfants, profondément ignorants, n'avaient pas été trompés.

Maximin, visionnaire et menteur ; Maximin, toujours visionnaire, n'avait pas été trompeur.

Il lui avait fallu du courage pour aborder cette discussion, et, sa tâche remplie, il veut bien reconnaître que la foi de tous ses lecteurs ne doit pas être aussi robuste que la sienne, que des doutes peuvent subsister encore ; mais en présence des miracles *nombreux, éclatants, authentiques, fondés sur le fait de l'apparition réelle* de la Sainte-Vierge, miracles auxquels M. Rousselot consacre quatre-vingt-dix pages, le célèbre polémiste déclare que tout nuage doit disparaître, que toute incertitude est dissipée, que le fait de l'apparition reste parfaitement avéré et indubitable (*Vérité*, pages 194 et 195).

Je crois, avec M. Rousselot, que le miracle, c'est-à-dire une dérogation aux lois qui régissent le monde physique, un effet sensible qui déroge aux lois constantes et communes de la nature, est le langage de Dieu manifestant sa volonté à l'homme.

Je crois que Dieu, essentiellement libre dans la manifestation de ses volontés, peut opérer des miracles quand il lui plaît et comme il lui plaît

Mais je crois, aussi, que s'il y a démence, folie, impiété à ne pas reconnaître la main de Dieu dans un miracle tel que le définit M. Rousselot, il y a quelque chose de semblable, peut-être tout cela à la fois, de la part de quiconque tenterait d'abaisser la grandeur et la puissance de Dieu à des faits qui ne constitueraient pas un vrai miracle.

Ces principes incontestables posés, les miracles que cite M. Rousselot sont-ils éclatants, authentiques, fondés sur l'apparition réelle de la Sainte-Vierge, conditions essentielles pour qu'ils puissent servir la cause de la Salette?

Commençons par ceux du diocèse de Grenoble ; ce diocèse « favorisé entre tous les autres et choisi « de préférence par la Mère de Dieu, auquel les faits « merveilleux et vraiment surnaturels n'ont pas man-« qué » (*Vérité,* page 128).

Je suis pas à pas M. Rousselot ; il cite deux miracles principaux et ne cite que ceux-ci ; quels sont-ils ?

« Marie Gaillard, boulangère à Corps, paralytique depuis 7 à 8 ans, est guérie au vu et au su de tous les habitants. — Le procès-verbal est dressé par M. Melin, curé de Corps, et signé par une soixantaine d'habitants de cette localité. »

« Ce procès-verbal constate que la malade, une fois munie de ses béquilles, a toujours pu, même pendant les 7 ou 8 ans de sa maladie, faire le tour de sa maison ou aller au soleil pendant les grosses chaleurs. » Je prends acte de cet aveu et j'ajoute, chose que le procès-verbal aurait dû faire, que Marie Gaillard a TOUJOURS pu se rendre à l'église appuyée d'un côté sur une béquille ou bâton, de l'autre sur le bras d'une jeune nièce.

Le 17 novembre, elle se recommande aux prières de la confrérie des pénitents qui se rendait en corps à la montagne, et au moment où ceux-ci chantaient l'office pour la première fois, elle se lève seule de son fauteuil, et dit à son mari : *Il me semble que je pourrais aller à l'église, appuyée seulement sur le bras de quelqu'un.* Ainsi elle fait, et depuis ce moment elle continue à faire ; mais elle conserve des grosseurs aux articulations, et, contente de son état nouveau, elle répète à tout le monde : « Je suis contente ; je n'en ai pas demandé davantage. » (*Vérité,* pages 129 et 130.) »

Marie Gaillard reçoit naturellement la visite de la plupart des pèlerins qui vont à la Salette ; ils voient une femme qui marche avec beaucoup de peine, qui est loin d'avoir recouvré l'usage de ses jambes, qui se livre, il est vrai, à *quelques* détails de son ménage, mais détails insignifiants, et présentant tous à Marie Gaillard un point d'appui ; aussi aucun pèlerin ne reconnaît-il dans cette femme une guérison miraculeuse. Il est vrai que les pèlerins ne sont pas de Corps.

Les cas d'amélioration par les secours seuls de la médecine, dans des maladies semblables à celle de la femme Gaillard, sont innombrables, aussi le docteur Calvat, de Corps, en attestant la maladie et la guérison, se garde bien de crier au miracle, et la sage précaution constamment pratiquée par la cour de Rome, lorsqu'elle discute des miracles, est-elle mise entièrement de côté par rapport à cette femme. Aucun certificat de médecin reconnaissant l'insuffisance de la médecine n'existe ; M. Rousselot ne peut en signaler aucun, ce qui ne l'empêche pas de crier au miracle, sur la foi de cette femme qui n'est pas guérie, dont les membres n'ont pas le privilège d'un exercice régulier et libre et qui proteste de sa satisfaction, *parce qu'elle n'en a pas demandé davantage.*

Le paralytique qui, sur les bords de la piscine, était étendu sur son grabat ne demandait qu'une chose, l'aide d'une main charitable qui lui aidât à soulever son corps et à le plonger dans la piscine. — Jésus-Christ est là, Jésus-Christ est Dieu ; il veut opérer un miracle et sans s'arrêter à la demande du paralytique, « *lève-toi, lui dit-il, prends ton grabat et retourne dans ta maison.* » Le paralytique se lève, il n'a pas subi l'épreuve de la piscine, il est guéri radicalement, il croit, tous les témoins croient avec lui à un miracle, car les lois ordinaires de la nature avaient été suspendues et il était impossible de s'y méprendre.

Mais dans la guérison de Marie Gaillard je cherche cette dérogation aux lois ordinaires, je ne la trouve pas ; je trouve la puissance de Dieu abaissée au niveau de la faible intelligence d'un modeste médecin de village, et j'entends vainement la femme Gaillard répétant après coup qu'elle n'en demandait pas davantage. Dieu se devait à lui-même de faire assez pour que son intervention ne pût pas être révoquée en doute ; jusque-là je la cherche en vain ; par respect pour sa puissance, je la repousse. Marie Gaillard, estropiée avant, est demeurée estropiée après, elle l'est encore aujourd'hui. Un vilain du 12ᵉ siècle n'aurait osé, par rapport à elle, parler ni de guérison, ni de miracle. M. Rousselot est plus hardi que ce vilain-là.

A ce premier miracle il en joint un deuxième. Ma plume tourne dans mes mains tremblantes en écrivant le nom de Victorine Sauvet, et j'ai besoin d'être soutenu par le sentiment d'un grand devoir à remplir pour suivre M. Rousselot sur ce terrain impie.

« Victorine Sauvet, âgée de 20 ans, depuis deux ans et demi, en service à Marseille, chez un maître religieux, perd tout à coup la vue. Soumise au traitement d'un médecin, celui-ci ne remarque aucune lésion dans les yeux, il les soumet à des remèdes énergiques, il a de l'espoir. Victorine, de son côté, recourt à la prière, elle songe à une neuvaine à Saint-Nicolas-de-Myre, église de Marseille où l'on obtient des guérisons par l'application d'une eau naturelle, l'absence du curé de la paroisse ne lui permet pas de réaliser ce projet, elle commence une neuvaine à Notre-Dame-de-la-Garde, revient dans son pays (Laley, canton de Mens) et se dirige vers la Salette. Le jour même où se terminait sa neuvaine de Notre-Dame-de-la-Garde elle est guérie à la Salette, elle voit. (*Vérité* de la 130 à la 140e page). »

La cécité de Victorine Sauvet a duré trente-trois jours, le médecin qui la traite a l'espoir de la guérir, les larmes qu'elle a versées en apprenant la mort de quelques-uns de ses parents ont produit son indisposition, elle revient auprès de son père, elle retrouve toutes les joies de la famille, elle substitue au climat brûlant du Midi, aux inconvénients de la poussière fine, blanchâtre que le mistral soulève sur la route et jette dans les yeux, le climat natal, très modéré au mois de septembre, enfin le jour même où elle arrive sur la Salette et où on priait pour elle, d'après ses intentions, à Notre-Dame-de-la-Garde, elle recouvre la vue.

C'est M. Rousselot qui nous apprend tout cela, mais

il nous apprend aussi qu'on a vainement sollicité des médecins de Marseille qui avaient soigné Victorine Sauvet une attestation reconnaissant que cette guérison sortait de l'ordre ordinaire et appartenait à l'ordre miraculeux.

Quoi qu'il en soit et sans tenter une discussion du fait en lui-même, il me sera permis d'en appeler de M. Rousselot à M. Rousselot ; il sera lui-même son juge.

Si on en croit Victorine Sauvet, elle a eu longtemps le privilége de voir la Sainte-Vièrge, le jour et la nuit, dans sa chambre et au milieu des champs. Elle conversait avec elle et recevait des révélations; elle avait annoncé que le 2 février, fête de la Purification, elle s'élèverait dans les airs ; elle a soutenu de longs et rudes combats avec le démon qu'elle a terrassé souvent, sous les étreintes duquel elle a succombé quelquefois aussi, ses gestes, ses révélations, ses hauts faits ont retenti dans le Trièves , dans le Beaumont, dans le Valbonnais, dans les montagnes qui forment la ceinture de la Salette et Dieu me garde de la suivre dans le cours de ses exploits ! Toujours est-il qu'à son occasion, l'émoi a été tel, que l'administration diocésaine, dont M. Rousselot est membre, a dû écrire à un haut fonctionnaire de l'ordre judiciaire et dans cette lettre officielle déclarer qu'après examen, discussion, l'administration n'avait pas pu caractériser les rapports de Victorine avec un démon incube ou succube.

Cette lettre se produisait au moment où M. Rousselot *(Nouveaux documents, page 53)* persiste dans son appréciation sur le miracle dont Victorine Sauvet a été l'objet.

Il imprime avec l'approbation de Mgr l'évêque.

Il imprime pour éclairer le public.

Son administration écrit pour éclairer la justice.

Victorine est présentée au public comme la privilégiée de la Vierge de la Salette.

Elle est présentée à la justice comme l'affidée du démon, quelle que soit l'epithète pironienne dont on gratifie l'ange des ténèbres.

Et tout cela se fait par les mêmes hommes et dans le même moment !

Y a-t-il donc aux yeux de M. Rousselot quelque rapport entre l'apparition de la Salette et le démon ?

S'il en est ainsi, pourquoi proclame-t-il un miracle au nom de la mère de Dieu, qui n'a pas, que je sache, un partage de pouvoir à faire avec le démon ?

S'il en est autrement, comment une seule et même personne est-elle tout à la fois diabolique et privilégiée du ciel ?

Parny n'aurait pas osé aller jusque-là et les impiétés de Parny sont connues de tout le monde.

Voilà les deux miracles dont le diocèse de Grenoble a été favorisé, et pour l'un comme pour l'autre, M. Rousselot a pu recueillir les renseignements les plus positifs, les plus concluants; il a pu savoir, il a su que cette fille était appellée *la folle* par les prêtres mêmes sur le témoignage desquels il s'appuie pour exalter sa guérison miraculeuse; il a su que son curé refusait de la confesser, tant elle était extravagante ; il a su bien d'autres choses encore, car il a agi, il a exprimé regrets et repentir dans la crainte que la supercherie ne fût découverte, et il a le triste courage de persister à crier au miracle!

M. Rousselot se joue du diocèse de Grenoble. Comment traitera-t-il les autres diocèses?

Parmi les miracles qu'il leur assigne, il en est un qui

les domine tous, car M. Rousselot s'en est servi quatre ans pour patroner tous les autres. La guérison miraculeuse de la sœur Saint-Charles d'Avignon, guérison instantanée, radicale et parfaite (*vérité* page 102) et M. Rousselot se complaît d'autant plus dans l'énumération des détails qui le concernent que lui-même est allé sur les lieux, il a vu, il a touché la sœur Saint-Charles, il l'a interrogée et constamment il a réfuté tous les incrédules à la Salette par la citation de cette guérison miraculeuse.

Eh bien! cette guérison, sa célébrité sont dues à l'imagination de M. Rousselot.

Le célèbre polémiste, son évêque professent dans leurs écrits qu'à l'évêque seul appartient de statuer sur un fait miraculeux arrivé dans son diocèse.

J'admets cette doctrine. Mgr l'archevêque d'Avignon a écrit à son ami et collègue de Gap, a dit à maintes et maintes personnes à l'occasion de sœur St-Charles :
« Ne profanons pas les miracles, sœur Saint-Charles
« est une femme hystérique, elle est à sa 30e guérison,
« car tous les mois elle est malade, et si dans ma
« ville épiscopale, quelqu'un s'avisait de parler de
« cette guérison comme miraculeuse, on lui rirait au
« nez. »

L'archevêque d'Avignon rejette le miracle que M. Rousselot exalte; le premier fait acte de pouvoir légitime d'après les principes de M. Rousselot, celui-ci fait acte d'usurpation, d'après ses propres principes. Le premier est dans son droit, le deuxième le viole; le premier respecte la majesté et la grandeur de Dieu, le deuxième abaisse Dieu à sa chétive taille et le façonne sur son moule. La conclusion est facile à tirer. Mgr l'évêque de Digne se charge de ce soin.

On avait désigné à M. Rousselot quatre guérisons

miraculeuses opérées dans ce diocèse (*Vérité*, pages 142 et suivantes), il s'adresse à Mgr de Digne et réclame de lui des renseignements sur ces faits prodigieux.

Mgr de Digne, aujourd'hui archevêque de Paris, toujours sérieux dans ses actes publics et plus particulièrement dans ceux qui intéressent la religion, se rend au désir de M. Rousselot, fait procéder à des informations canoniques, à des interrogatoires, à des recherches, et transmet à M. Rousselot un résultat entièrement négatif. Les miracles n'étaient pas vrais. Cet envoi de Mgr Sibour avait précédé de près de six mois la publication du premier ouvrage de M. Rousselot, et cependant dans cet ouvrage, adopté par la majorité de la commission, ouvrage qui est le point de départ de la décision doctrinale du miracle de la Salette, les faits rejettés par Mgr de Digne sont classés au nombre des miracles confirmatifs du fait de la Salette.

Aussi, en 1851, dans ses salons qu'encombrait une foule nombreuse, Mgr Sibour, répondait-il à un ecclésiastique qui lui parlait de l'incident d'Ars, par la citation de ce fait qui lui était personnel et par ces mots : « Depuis longtemps je sais à quoi m'en tenir « sur l'événement de la Salette, M. Rousselot a le pri- « vilége de l'invention ; jamais un miracle ne l'embar- « rasse et ce qu'il recherche, ce n'est pas la vérité, « c'est l'effet par rapport à la Salette. »

M. Rousselot, après avoir mis à la réforme Mgr d'Avignon, traite avec le même sans-façon Mgr de Digne. Pour se donner cette licence, il est obligé de renier ses principes, mais après 40 ans de professorat de théologie, n'a-t-on pas le droit de se poser soi-même comme règle suprême? M. Rousselot l'a cru, il a fait plus, il l'a pratiqué.

Quoi qu'il en soit, Mgr Sibour a passé de Digne à Paris, il n'est pas devenu croyant à la Salette, et M. Rousselot assigne à ce dernier diocèse une guérison miraculeuse (*Vérité*, page 149). Cette guérison est comme celles de Digne, et c'est ainsi que l'on écrit l'histoire!

M. Rousselot assigne un miracle au diocèse de Lyon, et personne ne croit moins à la Salette que S. E. le cardinal de Bonald.

Il en assigne trois à Langres, quatre à Arras, et Mgr Parisis, évêque de Langres et d'Arras voulait exécuter la Salette au concile provincial de Lyon. Une observation de Mgr de Bonald suffit pour arrêter ce projet : « Que penserait de nous le monde catholique, si nous « allions nous occuper des enfants de la Salette, de « Louis XVII, etc? Le bon sens suffit pour faire jus- « tice de ces enfantillages. »

Je n'aurai pas la cruauté de poursuivre un à un, les prétendus miracles prônés par M. Rousselot, je ne lui infligerai pas cette leçon sévère, je me bornerai à citer un fait relatif à Mgr l'évêque de Gap et qui aurait dû inspirer à M. Rousselot une réserve au-dessus de laquelle il a au contraire affecté de se placer.

Le célèbre panégyriste n'est pas satisfait des mira- cles qu'il énumère sous sa plume trop facile, il appelle à son aide M. l'abbé Arbaud, neveu de l'ancien évê- que de Gap, auteur des *Souvenirs intimes d'un péle- rinage à la Salette,* il veut bien ne pas accepter aveu- glément deux faits rapportés par le jeune enthousias- te, et dont la fausseté était démontrée depuis longtemps, une pierre cassée présentant la tête d'un *Ecce homo,* une deuxième pierre trouvée, ainsi que la première, sur la montagne, rapportée à Grenoble et représentant une dame à genoux devant une croix avec un S, initiale du mot Salette, et enfin la guérison trop incertaine d'un militaire ; mais, à cette réserve près, il vante (pages 102, 103 et 104, *Nouveaux documents*), il exalte l'ouvrage *du prêtre pieux, du professeur plein de talents, du scrutateur habile des deux bergers*, il l'adopte dans tous ses autres détails.

Or, M. Arbaud, dont l'imagination était aussi inventive que celle de M. Rousselot, avait aussi son chapitre des miracles, il s'étendait longuement sur celui qui était appelé à faire le plus d'impression et qui avait eu pour héroïne, une femme du diocèse de Gap. Ce miracle est presque le pendant de celui de Victorine Sauvet ; quelques mots feront juger le miracle, le narrateur et l'apologiste.

Une femme infirme s'était rendue à la Salette ; animée d'une foi vive, elle avait entrepris une neuvaine, pour sa guérison. Sur la montagne, elle avait rencontré le prêtre qui avait exorcisé Victorine Sauvet, cette fille aux rapports sataniques ou divins, selon que M. Rousselot ou son administration ont à parler d'elle au public ou à la justice. — Entourée des soins, des prévenances de ce prêtre, la bonne femme sentait sa confiance s'augmenter de jour en jour ; son désir d'une guérison radicale devenant de plus en plus vif la rendait facile et crédule. — Bientôt elle fut sollicitée de signer une attestation anticipée de guérison. — La Sainte-Vierge, lui dit le prêtre aux exorcismes, ne refuse rien à ceux qui viennent prier sur la Montagne ; elle accorde d'autant plus qu'on a en elle une plus grande confiance. Signez et priez, vous serez rétablie le neuvième jour. — La bonne femme crut et signa. — La neuvaine se termina, elle redescendit de la montagne dans l'état où elle se trouvait en y montant, cet état est encore le même aujourd'hui, et c'est parce que Mgr l'évêque de Gap a vu cette infortunée, l'a interrogée, a connu cette trame odieuse, que, se recueillant dans sa conscience loyale et droite, il a sur-le-champ adressé à son clergé la circulaire du 18 octobre 1850 et stigmatisé les intrigues et les spéculations de la Salette.

M. Rousselot n'a pas été si difficile : un évêque avait parlé ; mais la parole d'un évêque a-t-elle quelque valeur à ses yeux lorsqu'elle touche au catalogue des miracles de la Salette ?

Ce catalogue est jugé par les évêques de Digne et de Paris, de Langres et d'Arras, de Lyon et de Gap ; il est jugé surtout par Victorine Sauvet ; et, comme si cela ne suffisait pas, l'*Ami de la Religion* du 12 août 1847 contient une circulaire de Mgr de Versailles à son clergé ; l'*Univers* du 24 décembre 1847 en contient une de Mgr Parisis ; l'*Univers* du 18 octobre 1850 en contient une de Mgr Deperry ; l'*Univers* du 8 février 1851 en contient une autre de NN. SS. de Viviers et de Valence. — Tous ces évêques repoussent toute solidarité par rapport aux visions miraculeuses en général, au fait de la Salette en particulier, et ils donnent à leur opinion la plus grande publicité.

Comment M. Rousselot répond-il à cette difficulté ? Il prend un parti facile : il n'en dit pas un mot ; mais il aspire à donner le change, et il consacre dans ses *nouveaux documents*, six pages (de 94 à 100) pour consigner les adhésions épiscopales dont son premier ouvrage a été honoré.

A leur tête, il place une lettre du Souverain-Pontife, dans laquelle nous lisons cette phrase : « Dès « que les affaires graves et importantes que Nous avons

« à traiter chaque jour Nous le permettront, Nous ne
« négligerons pas d'en prendre lecture. En attendant,
« Nous vous remercions de votre envoi. »

Cette lettre est un accusé de réception ; M. Rousselot l'appelle une adhésion.

Suivent les adhésions, pour parler comme M. Rousselot, de sept évêques.

L'auteur ne donne qu'un extrait de la lettre des prélats, et cet extrait indique : 1° que l'ouvrage de M. Rousselot leur a été envoyé par leur collègue de Grenoble ; on comprend dès lors la rapidité de la propagation du fait de la Salette ; 2° que le langage des enfants avait besoin d'être corroboré par la conversion des habitants de la contrée—*qui ne sont pas convertis*, et par les nombreux miracles que relate M. Rousselot. — *Nous venons de les analyser.* — A quoi se réduisent donc ces adhésions ?

M. Rousselot ne les considérait pas comme sérieuses, car il n'a pas le courage d'en nommer les auteurs ; il se contente de faire précéder chaque extrait de ces mots :

« Mongeigneur l'évêque de...... à Monseigneur l'évêque de Grenoble. »

Pourquoi cette réserve de sa part ?

Il avait commencé, avec M. Bez, à représenter l'opinion de NN. SS. les évêques de Viviers et de Valence comme acquise à la Salette ; ces évêques avaient réclamé sur-le-champ. M. Rousselot redoutait-il de nouvelles réclamations ? Pour y échapper, se contentait-il d'enregistrer, sans aucune application, des *adhésions* qui, n'étant attribuées à personne nominativement, n'éveillaient l'attention d'aucun évêque ? J'ignore. Toujours est-il que des adhésions ainsi présentées n'adhèrent pas, et qu'elles constatent un appel de Mgr de Grenoble à ses quatre-vingts collègues ;

sur ce nombre, sept seulement sont censés répondre ; soixante-treize gardent le silence. M. Rousselot trouvera-t-il aussi une adhésion dans ce silence presque universel ?

En résumé, les deux miracles du diocèse de Grenoble prouvent contre la Salette.

Les miracles de Digne et de Paris, de Lyon et de Gap, de Langres et d'Arras, d'Amiens et d'Avignon, etc., etc., prouvent contre la Salette ; car ces évêques ne croient pas, et il y aurait de l'impiété à les considérer comme incroyants, en présence de miracles vrais, fondés sur la foi de l'apparition du 19 septembre 1846, dont ils sont les seuls juges et sur lesquels personne n'a le droit de statuer, de l'aveu de M. Rousselot lui-même.

Le Souverain-Pontife a reçu un livre, il en a accusé réception. Il n'a pas adhéré ; il a dit à Mgr le cardinal Franzoni, à Mgr le cardinal de Bonald qu'il n'adhérerait pas.

Sept évêques, après avoir reçu le livre de M. Rousselot, n'ont pas adhéré, ou ont adhéré sur la foi trompeuse des miracles et de la conversion du canton de Corps ; soixante-treize ont gardé et gardent encore le silence en public ; mais plusieurs ont manifesté leur sentiment, et il est loin d'être favorable. — Le langage des enfants manque donc de l'appui, sans lequel il demeure insuffisant ou ridicule.

CHAPITRE XI.

Pour imposer la foi de la Salette, deux choses étaient nécessaires : 1° des miracles confirmatifs de l'apparition de la Vierge, — M. Rousselot n'a pas été embarrassé pour en découvrir de toutes parts et nous savons comment ; 2° un récit de l'apparition qui, ayant pour auteurs deux enfants frappés d'incapacité par les lois civiles, en qualité de témoins, rachète par quelque vertu particulière ce vice d'origine.— M. Rousselot est moins embarrassé encore sur ce deuxième chef qu'il ne l'a été sur le premier.

Comment s'y prend-il ?

Mélanie a vu à plusieurs reprises, dame noire, dame blanche, lumière miraculeuse et providentielle, elle l'a déclaré devant la commission entière, M. Rousselot, en sa qualité de rapporteur *exact et impartial* éloigne la dame noire et la lumière miraculeuse, il concentre toute l'attention de Mélanie sur la dame blanche, sur sa conversation prophétique avec cette dame, élève cette conversation à la hauteur d'un oracle de la sybille, établit page 193 de son premier ouvrage que la *conversion des habitants de Corps et des environs a été aussi prompte que bien soutenue*, et dès-lors a prévenu les menaces de famine et de mortalité ; deux ans après dans son deuxième ouvrage (page 26, ligne 8ᵉ et suivantes) découvre avec *quelques esprits solides* que la révolution de février est *l'accomplissement littéral des premières paroles prophétiques sorties de la bouche de la Vierge de la Salette* et termine sa tirade par ces mots : *qui sait si les autres parties de ces prophéties n'auront pas aussi leur terrible accomplissement,* SI ON NE SE CONVERTIT ? Puis, après avoir fait ainsi la critique la plus amère, la plus désespérée des paroles de la dame de l'apparition, de celles de Mélanie, il représente le langage de cette dernière comme invariable et en quelque sorte comme infaillible. Heureux M. Rousselot !

Maximin a vu aussi à deux reprises dame noire et dame blanche, il a prêté à la dame blanche des détails de conversation que Mélanie a niés, plus tard il a avoué aux uns, il a nié aux autres l'intercalation de ces détails dans son récit (M. Rousselot, page 221). En 1850 il va à Ars, dément toute l'apparition, rentre à Grenoble, dément son démenti par une première version, puis par une deuxième qui modifie la première, sous la plume de M. Rousselot modifie encore le tout, et M. Rousselot nous présente cette parole de l'enfant, si mobile, si variable, si flexible comme impuissante *à infirmer* EN AUCUNE MANIÈRE *le témoignage de Maximin sur le fait de l'apparition.* (Page 222.)

M. Rousselot ne tire pas cette conclusion légèrement, il la fait précéder d'une discussion de principes, il y consacre plus de cinq pages et quel luxe d'érudition mystique il déploie dans son argumentation !

M. Rousselot avait avoué que Maximin était menteur avant le 19 septembre 1846, il avait la conscience qu'il avait menti depuis, que ses mensonges étaient de nature à jeter au moins le doute sur tout ce qu'il pourrait dire. Il faut échapper à ce doute qui serait ruineux pour la Salette, comment procède M. Rousselot ?

« *Mentir*, dit-il (page 221, 1er ouvrage), c'est par-
« ler *contre sa pensée* et non pas précisément *contre*
« *la vérité* ; parler *contre la vérité*, mais sans ré-
« flexion, par étourderie, par surprise, c'est simple-
« ment *se tromper* et non pas *mentir*. »

Le principe est posé, il est posé pour arriver à cette conclusion tirée par le célèbre professeur (page 222), « Donc un mensonge proféré MÊME SCIEMMENT par Maximin, sur une circonstance purement accessoire et même étrangère au fait principal, ne peut, EN AUCUNE MANIÈRE, infirmer son témoignage.

Je ne veux pas être sévère avec M. Rousselot, rechercher quel rapport il peut y avoir entre un mensonge *proféré sciemment* et une parole *prononcée sans réflexion*, dès-lors ne constituant pas le mensonge, entre une prémisse restreinte et une conclusion générale ; je ne fais pas assaut de philosophie, je fais acte de religion, je saisis les prémisses et la conclusion et les mettant sur la même ligne, je raisonne avec les faits, je juge.

Mélanie a vu une dame noire, puis une dame blanche, puis une lumière miraculeuse.—La dame noire et la lumière sont pour M. Rousselot circonstances étrangères au fait principal ou assertions avancées par surprise. La dame blanche reste seule. Elle est le fait principal.

Maximin a vu aussi dame noire et dame blanche. — La dernière seule reste par les mêmes raisons.

Il prête à la dame blanche un langage qu'il avoue ou dément, pour le démentir définitivement. — Erreur de surprise ou circonstances accessoires.

Il dément tout à Ars. — Erreur ou accident.

Il dément son démenti d'Ars. — Fait principal et vérité.

Il a à son service plusieurs versions, elles s'infirment les unes les autres. — Erreur ou accident.

Chez son maître de forges, il renouvelle son démenti d'Ars. — Erreur ou accident.

Un ami de la droiture éprouverait quelque embarras pour démêler la vérité au milieu de toutes ces variations, M. Rousselot tranche doctoralement, j'allais dire doctrinalement.

Tout ce qui sert la Salette, VÉRITÉ ; tout ce qui la contrarie, ERREUR sans importance.

Le département de l'Isère ou plutôt le diocèse de Grenoble sont vraiment privilégiés, ils possèdent dans M. Rousselot, l'interprète des desseins de Dieu, la règle vivante de sa doctrine et de ses principes, la loi suprême, incomprise il est vrai, mais infaillible. Heureux, mille fois heureux M. Rousselot !

Aussi entendons le professeur, émettre avec l'autorité de son nom, de ses qualités, de sa mission, cette maxime sublime.

« Un mensonge proféré MÊME SCIEMMENT par Maximin.... ne peut EN AUCUNE MANIERE infirmer son témoignage. »

Mais en remontant aux premiers âges du monde,

chez tous les peuples, le mensonge est flétri comme un vice odieux.

Dieu se choisit un peuple privilégié, il le gouverne lui-même, par sa bouche le mensonge est flétri encore.

Les Grecs et les Romains, héritiers des traditions du monde entier, consignent dans leurs livres de morale et de philosophie qu'on ne doit pas croire le menteur lors même qu'il dit la vérité.

Dans le premier siècle de l'Eglise, l'apôtre saint Pierre punit de mort le mensonge, toutefois inoffensif, de Saphire et d'Ananie, pendant que saint Paul est loin d'être aussi sévère à l'égard de l'incestueux de Corinthe.

De nos jours, rien n'est plus répandu que cette sentence proverbiale : *Un menteur est pire qu'un voleur.*

Nos lois ont édicté des peines très graves contre le faux témoin qui n'est au fond qu'un menteur.

Aucune de ces considérations n'est assez puissante pour arrêter M. Rousselot, ce n'est pas sans raison qu'il a vu le jour après tant de moralistes de l'antiquité et des temps modernes. Soixante siècles ont beau crier coutre le mensonge, le professeur émerite de morale catholique nous répéte avec un aplomb imperturbable :

Un mensonge proféré MÊME SCIEMMENT par Maximin.... ne peut EN AUCUNE MANIÈRE infirmer son témoignage.

Mais Maximin est un enfant, un modeste juge de paix n'oserait pas condamner à une amende de 25 centimes sur sa déposition unique. Il s'agit ici d'un fait surnaturel, Dieu est en jeu, la sagesse des hommes, de par M. Rousselot, l'emporte sur la sagesse de Dieu, Maximin peut MENTIR SCIEMMENT, son témoignage est irrécusable.

Si M. Rousselot enseigne sur tous les points de sa

théologie, une morale semblable, il est, sans contredit, en possession d'une science occulte. Dieu garde l'humanité d'être jamais initiée à son secret !

Et c'est cependant sur ces fondements ruineux—d'une part, la parole menteuse des deux enfants; de l'autre, des miracles controuvés ou plus que douteux, des miracles rejetés par les évêques diocésains, des guérisons si insignifiantes, qu'il n'en est pas une seule, pas même celle de Sens, qui soit fondée sur la foi de l'apparition de la Salette — qu'on décrète un dogme nouveau, qu'on l'impose, qu'on anathématise quiconque ne courbe pas sa raison, son intelligence devant cette décision suprême que Jésus-Christ lui-même n'aurait pas osé porter ! dût cette mesure mettre en péril tous les faits de même nature survenus depuis dix-huit siècles et acceptés avec soumission sur la foi de la sagesse et de la haute moralité de l'Eglise!

Est-il surprenant, dès-lors, qu'une voix catholique, amie de la religion vraie, s'élève enfin et au nom des principes qui viennent de Dieu et dès lors ne se discutent pas, éclaire les accidents qui viennent des hommes et peuvent être renversés sans que la religion ait à souffrir des coups sous lesquels ils succombent ?

Est-il surprenant que, grace aux lumières répandues sur l'événement de la Salette, les rôles soient intervertis comme par enchantement, et que les amis de la Sainte-Vierge se trouvent dans le camp de l'opposition au lieu de se rencontrer parmi ceux qui, après avoir créé, n'ont que les anathèmes à la bouche pour assurer le triomphe de leurs erreurs?

CHAPITRE XII.

Conclusion de la première partie.

J'ai terminé l'examen des ouvrages de M. Rousselot, ou du moins de la partie que j'ai eu le triste courage d'analyser, car cent fois pour une, ma plume a tourné dans ma main, de dégoût et de pitié.

Tout ce qui tient à Dieu doit être pur et vrai comme lui, doit respirer un parfum de douceur et de bonne foi, de mansuétude et de charité fraternelle, j'ai vainement cherché sous la plume de M. Rousselot ces qualités essentielles, et le repos de quelques jours m'est nécessaire pour retrouver la force de continuer ma tâche. Des incidents déplorables me restent à signaler encore, et pour le faire, il faut que je sois encouragé par le sentiment d'un grand devoir à remplir.

S. E. Mgr de Bonald est venu à Grenoble pour accomplir, au nom du pape, une mission d'honneur et de vérité, il n'y a trouvé que mystifications.—M. Rousselot a fait le voyage de Rome, il y a puisé les éléments de nouvelles mystifications à infliger. — Il a procédé auprès du clergé du diocèse par voie de maladroite captation ; —il a appelé à son secours la presse, et il a flétri quiconque osait avoir la conscience de la vérité ; —il a inspiré, il a préparé un mandement qui se tait sur l'incident d'Ars ; — qui rend, en quelque sorte, *la justice* solidaire du miracle de la Salette; — qui exalte l'*impartialité* de ses ouvrages, la force et la vérité des miracles qu'ils énumérent ; —qui impose le dogme de la Salette, et, chose inouie ! interdit la conscience des prêtres et la liberté des fidèles. — Le nouveau culte compte déjà des victimes de choix ; — des chansons regrettables ont inspiré une circulaire plus regrettable encore. — L'interdiction du pèlerinage de la Vierge-Noire, à la Tronche ; — le faux miracle de la guérison miraculeuse d'une religieuse de la Providence, en 1842 ; —le miracle plus faux encore du précieux sang dans une autre communauté, près Grenoble, en 1845, ont servi de prélude au miracle de la Salette ; — tous ces détails nous réservent une moisson aussi abondante que triste, et j'ai le devoir dans une deuxième partie de les présenter tous avec réserve. mais aussi avec une vérité entière.

L'altération de la vérité, dans une matière aussi grave, est un crime, M. Rousselot l'a dit et je le répéte après lui. La vérité, cependant, a été altérée, puisque nous ne sommes pas d'accord. Si M. Rousselot et ses partisans, respectant la liberté, la dignité individuelle, avaient donné cours à la Salette par la construction d'une chapelle, par l'établissement d'un corps de missionnaires, sans élever leur prétention à la hauteur d'un dogme, si, du moins, ils avaient eu pour eux l'adhésion des evêques et des clergés voisins, au lieu de compter parmi eux autant d'adversaires pour leur entreprise qu'il y a de têtes, personne ne se serait ému, car l'une et l'autre de ces positions, aurait commandé le respect et n'aurait pas alarmé les consciences ; mais il est loin d'en être ainsi ; et quand on a la prétention de se poser seul, en face du monde entier et de décréter miracles et dogme, il faut au moins avoir le sentiment de ce droit, et être prêt à ne reculer devant aucune épreuve qui le fasse ressortir.

A défaut d'un concile provincial, si on redoute trop sa consciencieuse investigation, il est un autre moyen de prouver sa bonne foi.

Grenoble possède une magistrature nombreuse et éclairée, un barreau qui compte dans son sein des intelligences d'élite, le diocèse possède un clergé ami de la vérité avant tout, que M. Rousselot et les siens consentent à réunir dans une grande assemblée, magistrats, avocats et prêtres ; que le vénérable curé d'Ars en fasse partie aussi bien que le *terrible* enfant de la Salette; que les preuves de M. Rousselot se produisent au grand jour : de mon côté, je me fais fort d'établir l'exactitude la plus scrupuleuse de tous les détails, de tous les faits que je viens de consigner, que je consignerai dans ma deuxième partie. La religion ne pourra que gagner à cette discussion, quel que soit le jugement qu'elle provoque; c'est à la liberté que la religion est redevable de sa force, c'est sous la protection de la liberté qu'elle a grandi, car la vérité n'a pas besoin d'autre appui, et, si la Salette est jamais destinée à se voir inscrite dans les fastes de la tradition, c'est par la liberté qu'elle pourra y arriver. Pourquoi ses partisans affectent-ils de ne pas le comprendre ?

Catholique sincère, autant que M. Rousselot, je serai heureux de voir se développer et s'étendre le culte de Marie; mais ses droits à la vénération du peuple chrétien sont trop incontestables, pour que jamais ils doivent s'étayer sur l'erreur, et M. Rousselot ne nous a révélé, sous sa plume, que des erreurs.

J'ai dû les signaler pour l'honneur de Marie ; heureux si je puis faire cesser une division que je déplore amèrement et que jamais on n'aurait dû provoquer dans le corps des évêques, du clergé, dans la société des fidèles unis, depuis plus de dix-huit siècles, dans une seule pensée, dans un seul sentiment, dans un principe qui résume tous les autres : La vérité en tout et toujours.

FIN.

TABLE DES MATIÈRES.